50만 원도 못 벌던
동네 아줌마는
네이버밴드로
어떻게 **월 1,000만 원을**
벌까

50만 원도 못 벌던 동네 아줌마는 네이버밴드로 어떻게 월 1,000만 원을 벌까

1판 1쇄 펴낸날 | 2022년 4월 28일

지은이 | 조윤미
펴낸이 | 나성원
펴낸곳 | 나비의활주로

기획편집 | 김정웅
디자인 | design BIGWAVE

주소 | 서울시 성북구 아리랑로19길 86, 203-505
전화 | 070-7643-7272
팩스 | 02-6499-0595
전자우편 | butterflyrun@naver.com
출판등록 | 제2010-000138호
상표등록 | 제40-1362154호

ISBN | 979-11-90865-63-0 03320

50만 원도 못 벌던 동네 아줌마는

네이버밴드로

어떻게 **월 1,000만 원**을

벌까

BAND

조윤미 지음

나비의 활주로

뭘 해도 안 되어 포기하려던 순간, 네이버밴드에서 인생 2막이 펼쳐졌습니다

▷◉ 부자가 되고 싶었던 어릴 적 꿈

혹시 독자분들은 어릴 적 꿈이 무엇이었나요? 누구나 어릴 적에 꿈꾸던 직업이 있을 것이고, 꿈이 있었겠지요? 제 어릴 적 꿈은 부자가 되는 것이었습니다. 솔직히 말하면 부자가 되기보다 부잣집에 시집을 가는 것이 목표였습니다. 여러분의 목표는 무엇이었나요? 여러분은 어릴 적 계획했던 대로 완벽한 삶을 살고 계신가요? 제가 만약 어릴 적 제 꿈처럼 부잣집에 시집을 갔더라면 아마 이 책을 쓸 일도 독자님들을 만날 일도 없었겠지요? 그래서 저는 가난했기에 저의 숨겨진 재능을 발견할 수 있었던 그 모든 환경에 오늘도 감사드리며 삽니다.

▷◉ 눈물마저 말라버린 고난의 시절

생각 없이 이리저리 놀러 다니기에 바빴던 20대 철부지 시절을 보내고 사랑하는 사람을 만나 결혼했지만 식장에서 나오던 그 순간부터 고난의 행군은 시작되었습니다. 연락이 안 되던 시어머니께서는 암이라는 듣기만 해도 무서운 병을 안고 20년 만에 남편을 찾아오셨습니다. 남편은 그런 어머니를 모시느라 일을 나가지 못했습니다. 우리는 치료비와 요양비, 생활비 등을 마련하기 위해 점점 더 많은 대출을 받게 되었죠. 그렇게 1년이라는 시간, 저와 남편 그리고 어머니는 20년의 한을 풀듯 함께 많은 곳을 다니며 나름 추억도 많이 쌓았습니다. 그 추억을 남겨놓고 어머니는 편안하게 돌아가셨지만 남겨진 우리는 결코 편안하지 못했습니다. 그동안 여기저기 받은 대출의 원금에 이자까지 밀리고 밀렸습니다. 저희는 그나마 2,000만 원 보증금으로 살던 임대아파트에서마저 임대료가 밀려 쫓겨나는 신세가 되었습니다. 41년이라는 세월을 사는 동안 그때가 제게 가장 힘들었던 시기였습니다.

▷◉ 눈물이 통곡이 되는 순간, 성공을 갈망하게 된다

네 식구가 500에 45만 원짜리 투룸에 살았습니다. 저는 보험, 카드, 정수기, 텔레마케터, 카드 판매, 마트 캐셔, 매장 알바, 학습지 교사 등 돈이 벌릴 만한 건 다 해 봤습니다. 150만 원만 벌어봤으면 좋겠다는 생각을 했습니다. 정말 '한 달에 100만 원만이라도 벌어봤으면 소원이 없겠다.'라고 늘 말했지만 경력도 없는 그냥 아줌마에 불과한 저에게는 한 달 50만 원짜리 단기 알바도 버거운 일이었고, 박스를 접는 부업도 쉽지 않았습니다. '그래, 이게 나의 한계구나.' 모든 걸 포기하고 살던 어느 날 남편과 매일 싸우는 나의 모습, 슈퍼에서 비싼(아니 사실 천 원도 안 하는) 과자를 집어 든 아이들에게 윽박지르는 제 모습 속에서 어릴 적 제 모습을 그대로 만나게 되더군요. 늘 가난해서 친구들과 노래방에 갈 때도 몇 백 원밖에 못 냈던, 친구들이 먹으려고 자른 빼빼로 꼭지를 얻어먹던, 그때의 내 모습이 보였습니다. 그리고 두려워졌습니다. 지금 내 모습이 내 부모님과 다를 바 없던 것처럼 우리 아이들 역시 나와 같은 삶을 산다면… 아, 너무나 두렵고 가슴이 막혀 눈물이 통곡이 되어 흘렀습니다. 그리고 저는 다짐했습니다. 절대 이렇게 살지 않으리라! 반드시 성공하고 말리라!

▷◉ 내 인생 가장 행복한 날, 내 매장을 갖던 날

내 아이들에게 나와 같은 가난하고 우울한 인생을 주지 않으려면 내 인생을 바꾸면 될 거였습니다. 저는 그 무서움의 깨달음 이후 생각을 바꾸고 모든 것들에 의미를 새롭게 부여했습니다. 그리고 어떻게 하면 내 눈앞에 있는 것들을 돈으로 만들 것인가 고민했습니다. 고물상에 책을 팔고 옷을 팔면서 조금 더 비싸게 팔 수 있는 곳을 찾아내고, 그보다 더 가치 있게 팔 수 있는 곳을 찾아내고자 한 시간이라도 더 고민하고 한 걸음이라도 더 걸었습니다. 그렇게 한 단계씩 생각을 확장해 나가다 보니 결론은 창업이었죠. 깔고 자는 집 월세가 너무나 아깝게 느껴져 집을 빼서 매장을 차렸습니다. 비록 작은 가게였지만 저는 어엿한 사장이 되었습니다. 그때의 기쁨을 누가 알까요? 집은 사라졌지만 매장이 생겼으니 '이제 100원을 벌더라도 모두 내 것이구나.'라는 자신감이 솟구치더군요. 매장을 오픈하고 친정어머니 댁에서 새우잠을 잤던 그날 밤이 아마 제 인생에서 가장 행복했던 날이었던 것 같습니다.

▷◉ 네이버밴드 가입, 인생 제2막이 열리다

그러나 인생이 쉽게 풀리면 재미가 없겠지요? 매장을 오픈한 것도 잠시, 문을 열어놔도 사람이 들어오지 않고, 매출이 거의 일어나지 않았습니다. 코로나19로 자영업자들이 벼랑에 몰린 작금의 위기보다 더 비참한 상황이었습니다. 그러나 이미 내 아이들을 위해 그리고 내 삶을 위해 이 가난에서 벗어나기로 마음 단단히 먹었기에 고민보다는 생각을 하며 머리를 굴리기 시작했습니다. '왜 난 안 되지? 왜 난 늘 가난해야 하지? 왜 난 늘 하는 일마다 안 되는 거야? 도대체 이 지긋지긋한 삶은 언제 끝나는 거야?'라고 나를 괴롭히는 질문을 하던 과거의 부정적이고 한탄만 하던 제가 아니었습니다. 그 당시 제 질문은 '어떻게 하면 매출을 올릴까?', '어떻게 하면 하나라도 더 팔까?', '어떻게 하면 사람들이 오게 할까?'로 바뀌어 있었고 그렇게 질문이 바뀌고 나니 그동안 보이지 않던 답이 보이기 시작했습니다.

'오프라인이 안 되면 온라인에 팔아보자.'라는 생각으로 여기저기 맘카페는 물론 중고거래 카페, 중고거래 앱, 엄마들의 커뮤니티 등 중고거래가 가능한 모든 곳에 가입해 활동을 했고, 그러다 어떻게 거기까지 가게 되었는지 기억이 나지 않지만 네이버밴드에 가입하게 되었습니다. 그런데 그곳에서 제 인생 제2막이 열릴 줄은 상상도 못 했습니다. 그때 장사가 되지 않는다고 포기해버렸다면 지금의 저는 아마 세상에 없겠지요? 네이버밴드를 만들고, 처음 던졌던 질문들처럼 '어떻게 하면 나의 밴드를 더 많이 알릴까?', '어떻게 하면 회원 수를 더 많이 늘릴까?'를 늘 고민하다 보니 이제는 인스타그램, 유튜브, 페이스북, 블로그, 네이버카페, 카카오스토리, 오픈채팅방 등 대부분의 SNS에 예쁜옷쟁이 링크가 없는 곳이 없습니다. 이제는 심지어 스마트스토어, 그립, 헬로마켓, 번개장터 같은 앱마저 예쁜옷쟁이가 다 들어가 있습니다.

▷◉ 50만 원도 못 벌던 동네 아줌마도 천만 원을 법니다

여러분, 우리가 어떻게 살아왔는지 물론 중요합니다. 그러나 사랑하는 나의 독자님들, 우리가 어떻게 살아왔는지보다 더 중요한 것은 앞으로 어떻게 살아갈지, 어떻게 살고 싶은지, 어떤 인생을 살고 싶은지 생각하고 정하고 만들어가는 것입니다. 나이 50, 60도 늦지 않았습니다. 지금이 가장 빠른 때입니다. 누구나 인생의 주인공이 될 수 있습니다. 어렵지 않습니다. 그저 신나게 놀며 기분 좋게 웃으며 오늘은 뭘 할지 생각하고 충실히 살아내면 되는 겁니다. 저처럼 무언가 팔 만한 물건이 있으면 네이버밴드에서 신나게 장사를 해 보세요. 그러다 보면 어느새 부자가 되어 있는 자기 자신을 발견하게 될 것입니다. 150은커녕 50도 못 벌던 동네 아줌마였던 저도 해냈으니 여러분도 해낼 수 있습니다! 이 책을 만나신 여러분은 우주 최고의 행운아이십니다! 저를 만난 순간, 이 책을 만난 순간, 네이버밴드 라이브방송을 만나는 순간 여러분의 여전한 인생은 역전의 희열을 움켜쥐시게 될 것이라 확신합니다.

오늘부터! 화이팅!

지금부터! 화이팅!

아자아자! 화이팅!

CONTENTS

PART 2

밴드의 첫걸음

PART 3

방구석 창업, 밴드에 길이 있다

PART 7

생각을 바꾸면 세상이 바뀐다

PART 8

예쁜옷쟁이를 만난 제자들의 작지만 큰 성공 이야기

에필로그

BAND

PART 1

밴드가 뭐예요?

밴드는 네이버가 서비스하는 온라인 모임 공간
입니다. 정확하게 그게 맞지만 그 기능만 생각
하시는 분이라면 정말 옛날 분입니다. 남보다
앞서가고 싶고 돈을 더 많이 벌고 싶다면 저와
함께 밴드의 새로운 세계를 만나보십시오. 정
말 눈이 동그랗게 커지는 놀라운 세계를 만나
시게 될 겁니다.

돈 벌기 참 쉬운
네이버밴드 생태계의 모든 것

네이버에 들어가 밴드를 검색해서 클릭하면 이런 화면이 뜹니다. 모임이
쉬워진다고 나와 있을 겁니다. 그런데 밴드를 그저 모임 기능만으로 생각
하신 분이라면 돈 벌기를 포기하셨거나 다른 수익 창출 수단이 있으신 분
입니다. 의외로 밴드가 수익 창출을 위한 유용한 도구라는 생각을 하시

는 분이 거의 없는 것 같습니다. 이 착각을 기분 좋게 부숴드리기 위해 제가 나섰습니다. 산전수전 공중전과 진흙탕 싸움까지 가난을 벗어나기 위해 별별 일을 다 해 본 저 조윤미가 전해 드리는 생계 체험형 노하우이기 때문에 믿으셔도 좋습니다. 코로나19로 오프라인 매장의 문을 닫았거나 스마트스토어로 장사를 조금 해 봤지만 별 재미를 못 보신 분들이라면 이 책을 꼼꼼히 봐주시기 바랍니다. 분명 1년 안에 당신의 인생에 반전의 환호성이 터져 나올 겁니다.

네이버밴드는 2012년 8월에 정식으로 출시되었고 불과 2년 만에 3,500만 다운로드를 기록할 정도로 핫 아이템이 되었습니다. 3,500만이 다운로드했다면 그만큼 사용자가 많다는 얘기고 물건을 팔기도 좋다는 뜻입니다. 이 핫한 녀석의 주요 기능을 한번 살펴보겠습니다. 아시는 분은 잘 아시듯이 네이버밴드는 게시판, 채팅, 사진첩, 캘린더, 멤버 주소록, 투표, 동창 찾기 등의 기능을 가지고 있습니다. 딱 봐도 모임에 최적화된 기능을 가지고 있습니다. 밴드의 장점이자 단점은 끼리끼리입니다. 밴드끼리 정보나 내용을 주고받고 공유할 수 있는 폐쇄형 애플리케이션입니다. 폐쇄형이지만 접근은 완전 개방형입니다. 할아버지부터 손녀딸까지 누구나 밴드 계정을 쉽게 만들고 로그인 할 수 있습니다. 누구나 만들 수 있으니 사람들이 많고 폐쇄형이니 안정적입니다. 이 점이 밴드의 아주 큰 장점이라 할 수 있습니다.

밴드가 돈 벌기 참 좋은 플랫폼이라는 건 정해진 타깃이 한 곳에 모여 있다는 점 때문입니다. 네이버밴드도 처음에는 밴드의 취지에 걸맞게 모임에만 충실했습니다. 초중고 동창도 찾아주면서 과거에 인기를 끌었던 '아이러브스쿨' 느낌이 새록새록 나기 시작했습니다. 그러다 보니 추억의 블랙홀에 자발적으로 빠져드는 40대~50대 사용자가 젊은 친구들을 압도했습니다. 40대, 50대들은 한 손에는 밴드 다른 한 손으로는 카카오페이지를 사용할 정도였습니다. 저도 모임 용도로 밴드를 사용해 봤는데 정말 모임을 위한 최적화 도구였습니다. 밴드는 그 목적을 충분히 어필했고 이를 통해 유저들을 끌어모으는 데 성공했습니다.

사람들이 늘어나니 기존 폐쇄형을 고집하던 밴드가 네이버카페처럼 공개, 비공개로 유연하게 바뀝니다. 비공개가 공개로 바뀌면서 누구나 자유롭게 밴드를 이용할 수 있게 된 거죠. 이렇게 되면 물건을 팔려는 사람은 아무래도 장사하기가 더 편하게 됩니다. 이후 1,000명 내 밴드, 무제한 밴드 등 다양한 오픈 커뮤니티가 생성됩니다. 심지어 무제한 밴드는 광고까지 허용하기에 이릅니다. 다만 상업적 판매 악용을 방지하기 위하여 5,000명 이상 가입 시 밴드 이름을 바꿀 수 없도록 제한을 줍니다. 밴드에 사람들이 많이 모이니 디자인도 세련되어지고 기능도 업그레이드되었습니다. 디자인은 페이스북의 뉴스 피드 형태가 되었고 다른 SNS처럼 글을 모아 주는 방식도 생겨납니다.

우리는 뭔가 궁금한 게 생기면 고객센터를 찾아갑니다. 그런데 네이버밴드의 고객센터는 어디에 있는지 찾기 참 힘듭니다. 그 힘든 일을 여러분들은 겪지 않도록 제가 도와드리겠습니다. 먼 길 돌아가지 마시고 저만 따라오시면 됩니다. 네이버밴드는 전화 문의가 없습니다. 그래서 고객센터를 더욱 잘 활용해야 합니다. 일단 모바일을 많이 사용하시니 모바일 버전으로 설명드리겠습니다. 우선 여러분의 핸드폰에서 밴드 앱을 엽니다. 물론 밴드 가입이 되어 있어야 합니다. 페이지 하단 메뉴에 보면 다른 앱에서도 늘 사용하는 가로 세 줄 아이콘이 보일 겁니다. 그걸 클릭하면 설정을 대표하는 아이콘인 톱니바퀴 모양이 나올 겁니다. 그 톱니바퀴를 누르면 '서비스 도움말'이라는 메뉴가 나옵니다. 그 도움말을 누르면 자주 묻는 질문을 지나 맨 아래에 '문의하기'가 나옵니다. 바로 여기가 그렇게 찾기 힘들었던 네이버밴드의 고객센터입니다. 지금 이 책을 읽는 분들 중에는 네이버밴드 초보자가 많을 겁니다. 그런 분들은 특히 고객센터를 자주 활용하시는 게 좋습니다.

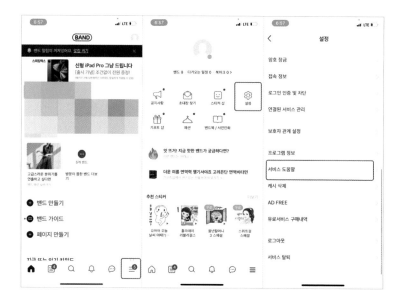

자, 여기까지가 네이버밴드의 첫걸음입니다. 네이버밴드에서 무언가를 팔려면 네이버밴드를 속속들이 잘 알아야 합니다. 그러려면 우선 밴드에 가입하고 곳곳을 들쑤시고 돌아다니십시오. 돌아다니는 시간도 그렇게 많이 걸리지 않을 겁니다. 사실 뭔가 의미 있는 일, 특히 돈 버는 일을 움켜쥐려면 최소한의 노력은 필요합니다. 이 책은 여러분에게 정말 최소한의 노력만 하도록 예쁜옷쟁이 저 조윤미가 체험하고 체득한 모든 노하우를 아낌없이 드릴 것입니다. 2만 원도 안 되는 책값 아깝지 않게 만들어 드리겠습니다. 잘 따라오시기 바랍니다.

유튜브, 인스타그램,
블로그를 버리고 밴드로 오라!

여러분도 SNS 하시죠? 한국인치고 SNS 안 하는 사람은 거의 없습니다. 지하철을 타면 대부분이 스마트폰을 봅니다. 어떤 아저씨는 유튜브를 보고 있고, 어떤 청년은 게임에 열중합니다. 어떤 아가씨는 인스타그램으로 뭔가를 열심히 뒤져 봅니다. 다른 사람의 SNS 활동을 군이 들여다보고 싶지 않지만 지하철에 사람이 많으면 자연스럽게 눈 둘 곳이 없고, 그러다 보니 그들의 SNS 활동을 엿보게 됩니다. 저는 지하철을 타도, 길을 걸을 때도 늘 어떻게 하면 돈을 벌 수 있을까를 생각합니다. 스마트폰을 사용하는 사람들, SNS를 사용하는 수많은 사람들을 보면서 이들이 전부 내 고객이면 얼마나 좋을까 하는 즐거운 상상을 합니다.

　여러분은 어떤 SNS를 주로 사용하시나요? 대부분이 FBI일 겁니다. 이건 미국의 그 무시무시한 연방수사국이 아니라 페이스북의 F, 블로그의 B, 인스타그램의 I를 말합니다. 오른쪽 페이지 그림의 그래픽 뉴스를 보

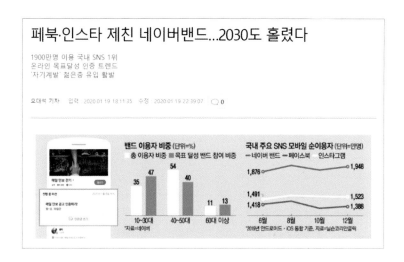

세요. 네이버밴드가 독보적인 1등으로 페이스북과 인스타그램을 제쳤다고 나옵니다. 막대그래프를 보면 20~30대 사용자도 엄청 늘고 있네요. 쇼핑몰을 운영하는 저는 20, 30대와 40, 50대의 가치를 분리해서 봅니다. 20, 30대는 소위 MZ세대라고 하는데 트렌드를 이끄는 사람들입니다. 반면 40, 50대는 경제적으로 안정이 되고 구매력이 있으신 분들이죠. 네이버밴드는 이 두 세대가 쌍끌이를 합니다. 20, 30대가 트렌드를 끌고 40, 50대가 모여들어 구매를 합니다.

유튜브로 얼마 벌기, 인스타그램으로 얼마 벌기 등등의 콘텐츠들이 참 많습니다. 그런데 기존의 SNS는 방법도 많지만 경쟁도 너무 많습니다. 그래서 시간과 돈을 투자해서 사업을 해 보려고 하지만 "나 돈 좀 벌었어."라고 얘기하는 사람이 점점 줄어들고 있습니다. 반면 네이버밴드는 기존 SNS처럼 피 터지게 싸우지 않아도 되는 나름 블루오션 청정지대입니다.

지금 이 책을 읽는 분도 네이버밴드로 돈을 번다고? 네이버밴드로 쇼핑몰을 한다고? 하며 되물을 정도로 수익 창출이 가능한 플랫폼이라는 인식이 덜합니다. 그래서 기회가 많다는 얘기입니다. 아래 2020년 1분기 SNS 사용자 분석 데이터를 보십시오. 구매력 높은 40, 50대가 밴드를 가장 많이 사용하고 있습니다. 20, 30대도 점점 늘고 있습니다.

국내 소셜 미디어 연령별 월평균 이용자 수 단위: 명

	10대	20대	30대	40대	50대
1위	221만	493만	440만	502만	544만명
2위	191만	386만	319만	298만	297만명
3위	86만	178만	268만	266만	177만명

※월 평균 이용자 수는 2020년 1분기(1~3월) 내 월별로 발생한 이용자 수의 산술평균값
자료=DMC미디어

한때 블로그, 유튜브로 고수익을 올린 사람들이 많았습니다. 그런데 그들의 고수익은 정말 오랜 시간 공을 들인 결과라고 봅니다. 학원도 다니고, 실패도 경험하고 그렇게 SNS 세계에서 피비린내를 맛보고 나서 고수익을 움켜쥘 수 있었습니다. 그런데 잘 된다고 소문이 돌면 사람이 몰리고 그러다 보니 그 사람들을 대상으로 돈을 벌려고 덤벼드는 마케팅 회사들이 생겨납니다. 하루에 수십 통씩 블로그를 빌려달라고 유혹하고, 얼마를 투자하면 고수익을 챙겨주겠다고 얘기하는 이메일이 자꾸 옵니다. 한

푼이라도 아쉬울 때 이들의 유혹에 넘어 가면 그나마 가지고 있는 여윳돈조차 다 날릴 수 있습니다. 한마디로 기존의 SNS 는 유혹만 많고 실제 돈 벌기는 더 힘든 상황이 되었습니다. 그래서 저는 더 늦기 전에 망설임 없이 기존 SNS로 돈 벌겠다는 생각을 버리고 네이버밴드로 건너오라고 말하고 있습니다. 경쟁이 덜하니 좋고, 밴드 만들기도 쉽고, 오프라인 가게가 있으면 연동해서 매출을 올

릴 수도 있습니다. TV 홈쇼핑처럼 라이브방송으로 나의 타깃을 직접 자극할 수도 있습니다. 마음먹고 시작만 하면 한두 달 사이에 여러분의 통장에 웃음꽃이 활짝 필 겁니다. 저는 구제의류로 돈을 법니다. 라이브방송을 통해 대박을 쳤습니다. 너무 가난해서 7층에서 떨어져 내릴까도 생각했던 사람이 이제 네이버밴드로 돈을 벌고, 강의도 하면서 부가 수입도 올립니다. 저처럼 맨바닥에서도 이런 결과를 만들었는데 저보다 출발선이 좋은 여러분은 훨씬 더 잘 하실 수 있을 겁니다.

앞선 이미지에서 볼 수 있듯이 저는 '예쁜옷쟁이' 밴드를 5년 넘게 운영하고 있습니다. 구제의류라는 키워드로 밴드를 운영한 지 벌써 횟수로 7년이 다 되어 갑니다. 6년이라는 시간 동안 많은 밴드를 만들었고, 수익화를 이루고 또 그 밴드를 지인들에게 양도하며 쌓인 노하우로 지금의 예쁜

옷쟁이 밴드를 만들었습니다. 돈이 많이 드는 광고 하나 없이 오로지 저만의 노력으로 14,000명 밴드를 만들었습니다. 현재 이 밴드를 통해 보통 맞벌이 가정의 수입보다도 더 많은 수익을 창출하고 있습니다. 저뿐만 아니라 밴드라는 플랫폼을 통해 아주 많은 분들이 수익을 내고 계십니다. 어떤 분들은 오로지 상업적인 목적으로, 어떤 분들은 정보성 글을 공유하며 회원을 유치하는 목적으로, 어떤 분들은 교육을 목적으로 밴드를 개설하고 운영하며 자신들만의 수익을 만들어내고 있는 것이 사실입니다. 그럼에도 아직까지 밴드를 전문적으로 연구하고 가르치는 강사님들이 많지 않다는 것은 참 아이러니한 일입니다. 만나는 모든 사람들에게 밴드를 권하고 알려드렸지만 많은 분들이 초기에 포기하거나 아예 시도조차 하지 않으셨습니다.

분명 돈이 되는, 그것도 아주 쉽고 빠르게 돈이 되는 마케팅 채널임에도 불구하고 왜 밴드를 운영하거나 정보를 공유하시는 분들이 우리 주변에 많이 없을까요? 그 답은 창업 교육 현장에서 찾을 수 있습니다. 구제의류 창업과 밴드 마케팅 강의를 진행할 때 대부분의 사장님들은 구제의류는 하고 싶은데 밴드 마케팅이 과연 효과가 있을까, 그 플랫폼이 효과가 있을까 하는 질문을 많이 주십니다. 그런 걸 보면 아직까지 밴드의 파급력을 모르시고 이용법 자체를 모르시는 분이 많구나 하는 생각이 듭니다. 물론 유튜브나 제 밴드를 통해서 이미 수익화 모델을 경험하신 분들은 오랜 시간 상담하지 않아도 바로 수강 신청을 하실 정도로 매력이 있는 아이템이라고 확실히 느끼십니다. 그러나 아직까지는 많은 분들이 밴드가 수익 창출의 엄청난 가능성이 있다는 걸 잘 모르고 계시는데 바로 그 점이 지금 막 밴드를 시작하시는 사장님들께는 큰 가능성이 될 것입니다. 진입 장벽이 높고 초기에 고객을 모으기가 쉽지 않다는 단점도 분명 있습니다. 그러나 이 부분만 잘 극복하고 나만의 가두리어장을 만든다면 지속적이고 효과적인 수익이 발생하게 됩니다.

폐쇄형 SNS의 매력

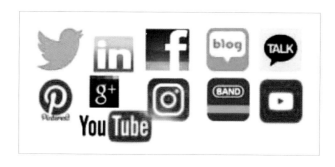

SNS에는 두 가지 스타일이 있습니다. 오픈형과 폐쇄형입니다. 오픈형의 선두 주자는 새 모양으로 유명한 트위터입니다. 140자라는 글자 수 제한이 있는 게 특징입니다. 짧은 걸 좋아하는 요즘 사람들의 취향을 제대로 저격했습니다. 아마도 가장 전파력이 빠른 SNS이지 않을까 싶습니다. 미국의 트럼프 대통령도 트위터에 자기 의사를 표현하고 그것은 전 세계로 삽시간에 퍼져 나갑니다. 이렇게 모두가 자유롭게 글을 올리고, 자유롭게 공유하며 팔로잉도 자유로운 것이 오픈형 SNS입니다. 오픈형 SNS의 대표 주자는 여러분도 잘 아는 트위터를 시작으로 FBI(페이스북, 블로그, 인스타그램)가 있습니다. 오픈되어 있기 때문에 자유로운 장점이 있는 반면, 누구나 자기 멋을 뽐낼 수 있기에 경쟁이 치열하고 그러다 보니 자기를 잘 알리는 데 한계가 있습니다.

트위터는 SNS 큰형님인데 초기에 인기몰이를 했습니다. 글자 수 제한이 있어서 짧은 글 쓰기에 좋고 전파력이 아주 뛰어난 SNS입니다. 맞팔하면서 팔로워 수를 늘리는 데 공을 많이 들이기도 합니다. 이벤트나 캠페인을 진행할 때 서브 매체로 활용합니다. 자신의 일상을 공유하는 데 많이 쓰였던 페이스북은 SNS 중 가장 많은 회원 수를 보유하고 있습니다. 회원 수가 많다는 것은 홍보 효과도 높다는 얘기입니다. 그러다 보니 개인보다는 돈이 넉넉한 기업들이 광고매체로 많이 사용합니다. 블로그의 경우는 콘텐츠 기능이 조금 강한 SNS라고 할 수 있습니다. 네이버 검색에 유리해서 네이버 노출을 위한 마케팅 채널로 많이 활용됩니다. 오픈형 SNS는 경쟁이 너무나 치열한 레드오션입니다. 너무 피를 흘리고 진을 빼면 일할 의욕도 사라집니다. 그래서 저는 오픈형보다 다음에 설명할 폐쇄형을 권합니다. 타깃도 확실하고 나를 알리는 데도 효과적이기 때문입니다. 제가 밴드라는 폐쇄형 SNS로 돈을 번 것도 바로 그런 장점이 눈에 확 들어왔기 때문입니다. 저처럼 산전수전 다 겪으신 분들이라면 마케팅 채널도 빨리 안정 궤도에 올리는 게 중요합니다. 배우고 경쟁하고 싸워서 경지에 오르기에는 시간도 에너지도 많이 달립니다. 여러분은 제가 걸어간 길을 음미하며 따라오시면 됩니다. 그러면 실패 확률도 그만큼 줄어들 것입니다.

자, 이제 본격적으로 폐쇄형 SNS의 실체에 대해서 알아보겠습니다. 폐쇄형은 자신과 친한 사람끼리 여러 정보나 다양한 소식들을 자유롭게 공유할 수 있는 채널로 제가 주로 사용하는 네이버밴드나 카카오톡, 라인 등이 있습니다. 보통은 동호회 모임 기능으로 주로 사용하지만 오로지 그 기능만으로 이 매체를 바라본다면 순진하신 겁니다. 요 녀석들이 마케팅에 있어서는 은근히 매력적이라 잘만 써먹으면 여러분을 금방 여유 있는 부자로 만들어줄 요술 방망이가 될 겁니다.

폐쇄형에도 형과 동생이 있습니다. 형은 앞에서 언급한 밴드, 카카오톡, 라인입니다. 카카오톡의 경우는 지인끼리의 폐쇄형 SNS지만 오픈 채팅이 있어 자유롭게 대화하고 정보를 공유할 수 있는 장점이 있습니다. 라인은 카카오톡과 유사한 메신저이지만 우리나라보다 일본에서 더 인기가 있습니다. 밴드는 밴드 관리자가 허락한 사람만 참여할 수 있는 진정한 폐쇄형 SNS로 가까운 지인끼리 모임을 만들어 사용하기 좋습니다. 동생뻘 폐쇄형 SNS는 비트윈과 클래스팅, 카카오스토리가 있습니다. 그 중 카카오스토리의 하향세가 뚜렷합니다.

폐쇄형 중에서 제가 밴드를 유독 좋아하는 이유는 기업들이 이곳에 함부로 침범하지 못한다는 점 때문입니다. 기업이 들어오면 돈으로 홍보 판이 되어 물이 흐려집니다. 밴드는 국내 SNS 중에서 유일하게 스폰 광고 차단 기능이 있습니다. 참 매력적인 기능이라 생각합니다. 밴드는 모임

서비스에서 이제는 카페 대용 모바일 서비스로 점차 기능을 확대해 가고 있습니다. 연령대도 참 다양합니다. 30대부터 40, 50대도 밴드를 자주 사용합니다. 공동구매 도구로 밴드를 사용하는 사람들도 늘고 있습니다.

네이버로 돈 버는 방법에는 네 가지가 있습니다. 블로그, 카페, 스마트스토어 그리고 밴드입니다. 밴드는 저처럼 네이버에 노출되지 않은 구제 의류라든지 온라인 최저가 상품들을 큰 경쟁 없이 더 저렴하게 팔 수 있습니다. 폐쇄형 마켓이라서 블랙마켓이라고도 얘기합니다. 쉬쉬하면서 자기들만의 구매 루트를 만드는 것도 요즘 사람들의 특성인데 밴드는 이를 잘 활용할 수 있는 통로라고 할 수 있습니다. 앞으로도 계속 이야기하겠지만 폐쇄형 밴드를 저는 가두리어장이라고 합니다. 내 제품을 살 수밖에 없는 사람을 가두어 놓고 홍보하니 얼마나 효과가 높겠습니까. 이 장점을 여러분도 최대한 활용하셨으면 좋겠습니다.

유튜브나 블로그, 인스타그램 같은 오픈형 SNS 역시 팔로워나 이웃을 통해 친구들을 늘릴 수는 있지만 그것은 마치 넓은 바다를 떠도는 물고기들이 먹이를 줄 때만 잠깐씩 모이는 것과 같이 오로지 나만의 그릇에 담을 수는 없습니다. 반면 폐쇄형 SNS는 나만의 가두리어장처럼 처음부터 물고기를 담아두고 양식하기는 어렵지만 일단 그 안에 담아두기만 하면 다른 곳이 아닌 오직 그 안에서 활동하고 번식합니다. 그래서 그냥 흐르듯 스쳐 가는 오픈형 SNS에 비해 훨씬 더 충성도가 높은 고객을 만들 수 있습니다. 바로 이러한 이유로 네이버나 다음의 카페들이 엄청나게 성장하였습니다. 하지만 고객들의 생활 패턴이 PC가 아닌 모바일로 바뀌고 회원가입의 번거로움 때문에 네이버나 다음 카페를 잘 이용하지 않거나 애초에 가입을 하지 않는 경우들이 많아지고 있습니다. 반면 밴드는 모바일 기반의 편리한 SNS이기 때문에 꾸준하게 사용자가 늘고 있는 추세이며 이미 모든 SNS를 제치고 사용자 1위를 달릴 만큼 엄청나게 성장하고 있습니다.

알려지지 않은 황금어장, 네이버밴드

저는 현재 만사천 명 회원을 보유한 네이버밴드 '예쁜옷쟁이'를 4년째 운영하고 있습니다. 그리고 그 밴드를 통해서 보통 아줌마가 벌 수 있는 것보다도 훨씬 큰 수익을 창출해 내고 있습니다. 제가 밴드를 하면서 너무너무 좋았던 것은 저와 소통할 수 있는 사람들이 자꾸만 늘어나고 그들과 같은 생각으로 같은 이야기를 할 수 있다는 점입니다. 저는 이게 너무 좋았습니다. 그래서 이 신뢰와 소통을 기반으로 저만의 밴드를 7년째 운영하고 있습니다. 그리고 저를

사랑해 주시고 제 옷을 사랑해 주시는 많은 분들이 저와 함께 해주고 계십니다.

밴드를 운영하면서 느낀 것은 스마트스토어나 유튜브, 인스타그램은 환경도 좋고 강사들도 많고 관련된 책도 많은데 밴드는 그런 게 전혀 갖춰지지 않은 미지의 땅이라는 점입니다. 바로 이 점 때문에 제가 이 책을 쓰고 있습니다. 일반인들도 이 책을 통해 수익을 창출할 수 있는 환경을 만들어 드리고 싶은 게 제 소박한 소망입니다. 유튜브 하나만 놓고 봐도 수익 창출 방법을 검색만 하면 주르륵 나옵니다. 책을 사서 비법을 익혀도 되고, 강의를 들어도 됩니다. 인스타그램도 다양한 수익 창출 모델이 다양한 강의 동영상과 책으로 소개되고 있습니다. 교육 수준도 굉장히 높습니다.

그런데 밴드는 신기한 것이 강사님도 극소수이고 관련 책도 거의 없습니다. 참 매력적인 SNS 채널인데 어떻게 이렇게 안 알려질 수 있을까요? 여러분도 신기하지 않나요? 밴드가 다른 채널에 비해서 돈을 많이 못 버는 것도 아닙니다. 정말 기하급수적으로 돈을 버는 분들도 많습니다. 그런데도 제대로 홍보도 안 되고 강사나 책도 없는 게 너무 안타까웠습니다. 저는 밴드가 활성화될 수 있는 환경을 만드는 데 아주 작은 힘이나마 보태고 싶었습니다. 앞에서도 얘기했듯이 SNS에는 오픈형과 폐쇄형이 있는데 오픈형은 정말 다양한 노하우와 기술이 소개되고 있습니다. 검색만 하면 모든 정보들이 다 나옵니다. 그런데 폐쇄형은 폐쇄형답게 원하는 정보를 얻기 위해서는 그 안으로 들어가야 합니다. 오픈형은 누구나 들락

날락할 수 있지만 폐쇄형은 멤버가 되기 전까지는 굳게 닫혀 있습니다.

어떤 분들은 이렇게 말합니다. 밴드는 망해가는 채널이고 소생 불가능 채널이라 볼 게 없다고. 그럼에도 불구하고 밴드에서 돈 버는 사람이 많은 이유는 무엇일까요? 이 밴드라는 앱의 주 사용자인 40대, 50대는 구매력이 아주 높습니다. 돈을 쓸 수 있는 세대입니다. 그래서 수익 창출을 생각한다면 저는 밴드를 강력히 추천합니다. 또 어떤 매력이 있을까요? 앞서 말했듯이 밴드가 회원을 모집하기도 힘들고 유지하기도 힘든 건 사실입니다. 하지만 밴드를 만들기만 하면 제가 자주 쓰는 말이지만 가두리 어장이라는 겁니다. 내 밴드 안에 들어온 사람들만 잘 관리하고 그분들과 소통을 이어 나간다면 정말 어마어마한 나의 재산이 될 수 있는 것도 밴드입니다.

인스타그램, 유튜브, 블로그는 완전 레드오션입니다. 막 피를 튀기면서 서로 1위 자리를 차지하기 위해 키워드 분석을 하고 난리가 나지만 밴드는 그렇지 않습니다. 왜냐하면 하는 사람만 하기 때문에 아는 사람만 알고 수익 창출을 할 수 있습니다. 밴드를 아는 사람은 정말 극소수라 잘만 이용하면 돈을 쉽게 벌 수 있습니다. 저는 돈을 좀 편하게 버는 방법을 여러분들에게 알려줄 밴드 전도사입니다. 밴드 마케팅을 공유하는 사람, 밴드의 수익 창출 효과를 공유하는 사람이 되려고 합니다.

이 책을 통해 밴드 만드는 방법, 회원 모집하는 방법, 그다음에는 사진과 글을 올리고 라이브를 할 수 있는 방법들까지 함께 공유하겠습니다. 그 후에는 스마트스토어 파워 등급이 되어서 라이브를 하는 방법도 알려드리겠습니다. 저와 같이 라이브방송으로 여러분도 돈을 좀 버셨으면 좋겠습니다. 밴드 환경에 대해서 아직 생소하신 분들이 굉장히 많습니다. 저는 그런 분들에게 도움을 드리고 싶습니다. 그러기 위해 방송도 하고 책도 씁니다. 저는 코로나 19로 힘들어하는 사장들에게 위로의 여신이 되고 싶습니다. 우리 사장님들의 지치고 힘든 삶을 위로해 드리고 새로운 솔루션을 제공할 것입니다.

시간과 정성이 필요한 가두리어장 만들기

밴드는 시간과 정성이 많이 들어가는 만큼 회원을 모은 후에는 어느 정도의 수익이 나기 시작합니다. 그러나 더 많은 수익 창출을 위해서는 모아 놓은 회원을 잘 관리하는 것이 더 중요합니다. 유튜브나 블로그 같은 오픈형 SNS는 아주 넓은 바다와도 같습니다. 늘 넘치는 물고기가 있고 물고기들이 오가는 길목만 잘 파악하면 많은 양의 물고기를 대량으로 잡을 수도 있습니다. 그러나 그런 행운이 늘 있는 것만은 아닙니다. 바다의 물고기들은 먹이를 찾아 늘 이동하기 때문에 어부의 입장에서는 늘 물고기들을 기다려야만 한다는 단점이 있습니다.

그렇다면 제가 만들어 놓은 가두리어장은 어떨까요? 우리가 지금 하고자 하는 돈을 만드는 밴드는 나만의 가두리어장입니다. 바다를 자유롭게 떠다니며 포인트에 망을 치고 많은 물고기를 잡는 것과 달리 가두리어장의 주인은 물고기를 잡아 와 부화를 시키고 또 그 어린 물고기들이 클 때까지 먹이를 주며 기다려 주어야 합니다. 그렇게 어른 물고기가 되면 그 물고기들이 새끼를 낳고 또 새끼를 낳을 때까지 계속해서 먹이를 주고 보살펴 주어야 합니다. 그러니 성질이 급한 어부는 절대 가두리어장을 설치하지 못합니다. 그냥 바다에 나가거나 또는 돈을 들여 남의 어장을 사거나 돈을 들여 어른 물고기들을 왕창 잡아다 어장에 풀어둡니다. 이것이 바로 마케터들이 대형 밴드를 만드는 방법으로 스티커 등을 이용한 유료 광고를 통한 모집입니다.

많은 광고비를 쏟아부은 만큼 일시적으로 엄청난 사람들이 들어오고 그렇게 만들어진 대형 밴드를 통해 수익을 만들어냅니다. 그러나 우리는 그렇게 자금이 빵빵한 어부가 아니기 때문에 그저 씨앗을 뿌리는 심정으로 어린 치어들을 모으고 어른 물고기들을 모아 담아야 합니다. 지금까지 많은 분들께 밴드 마케팅을 이야기하고 실용화를 컨설팅해드렸지만 대부분의 사장님들이 중도에 포기한 이유도 바로 이 때문입니다.

밴드를 개설했다면 그 이후 회원은 어떻게 모아야 할까요? 밴드는 회원을 모으기 참 어렵습니다. 그래서 많은 분들이 시도를 하지 않는 것도 사실입니다. 바로 그게 여러분들에게는 기회입니다. 거듭해서 이야기하지만 다른 사람들이 주저하고 있는 이 시기가 기회입니다. 밴드는 이미 1,600만 명이 이용하는 국내 1위 앱임에도 많은 분들이 밴드가 돈이 될 것이라고 생각하지 못하고 있기에 지금이 우리에게 최고의 기회입니다. 작은 생각의 전환과 나의 어장에 물고기들이 스스로 놀며 새끼를 칠 수 있을 때까지 기다리고 보살펴주는 조금의 인내심만 있다면, 여러분도 엄청난 기회인 가두리어장의 주인이 될 수 있습니다.

우리가 밴드에 가입하는 경우를 생각해보겠습니다. 우리는 보통 언제 밴드에 가입할까요? 제가 활동하고 있는 밴드 중에는 물론 쇼핑 밴드도 있지만 그 외에 아이의 초등학교 모임, 중학교 모임, 다이어트 모임, 챌린지, 독서 모임, 요리 모임, 여행 모임 등이 있습니다. 이런 종류의 모임은 오프라인 모임보다는 서로의 공통 관심사를 공유하고 정보를 나누는 성격의 모임이 대부분이다 보니 사실 이 안에서 무언가 바로 수익화를 만들기는 쉽지 않습니다. 여러분이 만들려는 밴드가 혹시 이런 정보를 나누는 모임은 아니시겠지요? 그런 정보를 나누는 밴드를 만드실 생각이라면 굳이 저를 찾으실 필요가 없습니다. 그저 만들고 소통하면 되니까요.

지금 우리가 만들려는 밴드는 이렇게 정보를 나누는 밴드가 아닙니다. 만들어서 바로 수익을 만드는, 바로 돈이 되는 밴드를 만드는 것이 우리의 목적입니다. 그러기 위해 정보를 공유하는 밴드와 어떻게 차별화를 두어야 하는지 알고 넘어가시는 게 좋습니다. 보통의 정보성 채널, 특히 마케팅에 활용되는 대형 밴드를 만들기 위해서는 무조건 거액의 광고비가 들어갑니다. 그렇게 해서 단기간에 회원을 모으고 꾸준하게 그 밴드의 성향에 맞는 정보성 글을 올립니다. 요리 밴드라면 요리 레시피를, 부동산 밴드라면 부동산 정보를, 독서 모임이라면 책의 정보를 공유하고 서로 리뷰하며 그 안에서 커뮤니티를 만들게 됩니다. 이렇게 밴드 운영진과 회원들이 서로를 신뢰하고 활동할 때까지 꽤 오랜 시간과 자금이 소요됩니다. 그리고 어느 정도 서로의 신뢰가 쌓인 순간부터 서서히 상업적 냄새가 나지 않게 광고 상품이나 공동구매 제품이 하나둘 올라옵니다. 요리 재료, 식자재, 밀키트, 부동산 매물, 신간 도서 등이 밴드에 모습을 보이고 얼마 지나지 않아 대부분의 글이 상업 목적의 글로 도배가 됩니다. 그러나 밴드의 특성상 한번 들어온 인원은 이탈률이 적고, 이미 하나둘 올라오던 광고 상품에 노출이 된 회원들은 아무런 의심 없이 상업적 밴드의 고객이 됩니다. 이렇게 오랜 기간과 많은 자금이 드는 대형 밴드는 우리 같은 일반인들에게는 도전하기 힘든 분야인 것이 사실입니다.

　그렇다면 우리가 만들려는 밴드는 이 과정에서 무엇이 바뀔까요? 우리의 가두리어장은 대형 어장이 아닌 소소한 가내수공업 형태의 어장입니다. 작지만 알찬 이 가두리어장 밴드는 위험하게 바다에 나가 파도를 만날 일도 없고, 물고기 떼의 이동에 일희일비할 필요도 없이 안정적인 수입원을 제공해 줄 것입니다. 마케팅형 밴드가 상업성을 뒤에 숨기고 정보와 정성으로 밴드를 키운다면 우리의 무기는 무엇일까요? 우리는 대놓고 상업적 밴드임을 알립니다. 그리고 우리가 어떤 아이템을 보유하고 있는지 간판인 섬네일과 밴드 제목에서 보여줍니다. 우리의 타깃은 수많은 불특정 다수의 사람들이 아닙니다. 우리가 잡아야 할 물고기는 나의 먹잇감을 좋아해주고 내가 던진 미끼와 취향이 맞아 어장에 들어와서도 행복하게 자라날 물고기입니다. 그러니 힘들게 그리고 비싸게 광고를 할 필요도 없습니다. 그저 어장을 만들고 나와 취향이 맞는 그리고 나의 어장과 내가 준비한 먹이를 좋아해주는 물고기만 담으면 됩니다. 대형 밴드의 미끼가 정보성 글이라면 우리 소형 밴드의 미끼는 애초에 글이 아닌 판매할

아이템이기에 애써 고객들에게 정보성 글을 주며 시간을 낭비할 필요가 없습니다. 품질 좋은 아이템을 제공하고 거기에 대한 회원님들의 피드백을 받으며 성장하기 때문에 마케팅형 밴드와는 다르게 빠른 수익화가 될 수 있습니다. 왜냐하면 애초에 나의 아이템이 관심이 있고 구매를 목적으로 하는 분들이 들어오시기 때문입니다.

밴드로
무엇을 할 수 있을까?

밴드를 하기 위해서 제일 먼저 필요한 게 무엇일까요? 일단 밴드에 가입해야 합니다. 핸드폰에 밴드 앱을 설치하세요. PC에서는 밴드를 북마크 해놓으세요. 그다음에 할 일은 자신이 원하는 콘셉트로 밴드를 만드는 게 중요합니다. 자기만의 콘셉트가 밴드의 갈 길과 확실한 목표를 정해줍니다. 또한 밴드를 개설할 때 유의해야 할 점이 몇 가지 있습니다. 제 경우는 구제 의류를 판매했습니다. 그런데 신발, 과일, 책의 경우 꼭 밴드를 통해 살 수 있는 건 아니거든요. 밴드를 통해 무얼 할 수 있을까? 꼭 밴드에서만 팔 수 있는 게 무엇이 있을까를 먼저 고민해 보시는 게 중요합니다.

코로나19 이후 학교 수업이나 기업의 회의를 비대면으로 진행하고 있습니다. 그 전까지는 밴드가 이렇게까지 활성화되지 않았는데 코로나19 이후 밴드 마케팅이 엄청나게 활성화되고 있는 추세입니다. 왜 이렇게 갑자기 밴드에 몰릴까 가만히 분석해 보니 밴드에 사람들을 끄는 중요한 기능이 하나 있기 때문입니다. 바로 밴드의 라이브 기능입니다. 밴드와 비슷한 기능을 하는 것 중에 카페가 있습니다. 카페와 밴드는 어떤 공통점이 있을까요? 둘은 폐쇄형 SNS라는 공통점이 있습니다. 밴드나 카페를 통해 정보를 얻고 수익도 올리려면 반드시 밴드나 카페에 가입을 해야 합니다. 그런데 밴드에는 있고 카페에는 없는 꽤 매력적인 기능이 하나 있는데 그게 바로 라이브 기능입니다.

라이브 기능이 있고 없고의 차이는 큽니다. 라이브 기능으로 무얼 할 수 있을까요? 요즘 제 아이들도 학교 수업을 줌으로 합니다. 그런데 선생님들이 밴드로도 라이브 수업을 하더군요. 대학교도 그렇고 영어, 태권도 학원도 밴드로 강의를 하는데 실시간 소통이 가능하기 때문입니다. 여러분은 제가 강의한 영상을 유튜브로 볼 수 있습니다. 그러나 그 영상은 녹화분이죠. 만약 밴드 라이브를 통한다면 저와 채팅을 하면서 실시간으로 수업을 들으실 수 있습니다.

이쯤에서 참 중요한 비밀 하나 알려드리겠습니다. 제 밴드의 이름이 '예쁜옷쟁이'입니다. 카페를 개설했다면 그 카페를 노출시키고 싶은 건 당연합니다. 저 역시 사람들이 '예쁜옷쟁이'를 검색하면 제 카페가 네이버에 나오면 좋겠는데 그게 안 되는 겁니다. '예쁜옷쟁이' 카페는 절대 네이버 상위노출이 될 수가 없습니다. 더군다나 네이버에 뜨지도 않습니다. 요즘 제가 운영하고 있는 '언니가 간다'라는 카페 역시 네이버에 안 뜹니다. 카페 이름으로 들어가서 찾아야 겨우 제 카페를 찾을 수 있습니다.

그런데 정말 놀라운 것은 밴드는 검색이 된다는 겁니다. '예쁜옷쟁이'를 여러분의 네이버에서 검색해 보세요. 그러면 제가 운영하고 있는 스마트 스토어도 나오고 제 밴드도 나옵니다. 만약 카페를 네이버에 상위에 노출시키려면 돈을 주고 광고를 하든가 다른 어떤 액션이 필요합니다. 그러나 밴드를 네이버에 노출시키고 싶다면 어떤 액션도 필요 없습니다. 밴드를 만들고 내 밴드 제목이 인식이 되는 순간부터 네이버에 그냥 '예쁜옷쟁이'를 치면 1순위로 뜹니다. 맨 위에 '예쁜옷쟁이'가 나옵니다.

그런데 그걸 어떻게 찾느냐고 묻는 분들이 있습니다. 예전에는 밴드에 가입하고 밴드 앱을 깔고 그다음에 '예쁜옷쟁이'를 검색하라고 말씀드렸는데 지금은 그냥 네이버 검색창에 '예쁜옷쟁이'를 치면 나온다고 말합니다. 별거 아닌 것 같지만 굉장히 큰 혜택입니다. 여러분은 이 좋은 밴드를 통해 판매도 할 수 있고 강의도 할 수 있고 심지어 마케팅도 할 수 있습니다. 마케팅이 뭔가요? 자기가 하는 일을 홍보할 수 있다는 얘기입니다. 제가 무얼 하는 사람인지, 어떤 사람을 모집하는지 다 홍보할 수 있습니다. 다이어트 프로그램을 하시는 분들, 요가 프로그램 하시는 분들 아니면 선박 대여하시는 분들, 원룸 대여하시는 분들도 자신이 하는 일을 네이버 상위에 뜨게 할 수 있는 가장 쉬운 방법이 밴드 개설입니다. 이거 하나만 알아도 여러분 인생에 굉장히 꿀팁이 됩니다.

카페 하나 만들어 놓고 여기저기 주소를 뿌리고 다니고 아무리 노력해도 사실 내 카페에 사람 모으기 쉽지 않습니다. 하지만 밴드에서는 사람 모으기가 쉽습니다. 사장님들이 이 사실을 먼저 알고 사업을 하셨으면 정말 좋겠습니다. 밴드는 굉장한 마케팅 도구가 될 수 있습니다. 저는 마케팅 전문가가 아닙니다. 카페나 인스타그램 같은 SNS 전문가도 아닙니다. 하지만 저는 밴드라는 채널을 통해 마케팅도 하고 홍보도 하고 판매도 합니다. 실질적으로 밴드를 통해 수익을 창출하고 있습니다. 전문가가 아닌 저 같은 사람도 하는데 여러분이라고 못할 게 무엇이 있겠습니까? 그러니 지금 당장 여러분이 할 일은 책을 잠시 접고 밴드를 개설하는 일입니다.

LESSON 7

우리들만의 블루오션, 네이버밴드

밴드를 개설하고 지인들을 초대하며 10명으로 시작해 14,000명의 회원을 만들기까지 벌써 6년이라는 시간이 흘렀습니다. 6년 동안 밴드를 알리고 더 많은 수익을 내기 위해 온갖 SNS를 다 휘젓고 다니다 보니 어느새 어디를 가도 예쁜옷쟁이가 검색될 정도로 많은 곳에 그물이 설치되었습니다. 그 과정에서 더 많은 것들을 배우고 더 많은 기회를 잡았습니다. 강의를 하고 교육을 하며 제가 체험했던 여러 SNS를 교육생들에게 공유하며 함께 성장했습니다. 교육생들 중에는 각자의 성향에 맞는 SNS를 찾아 홍보하는 과정에서 자신이 모르고 있던 숨겨진 재능을 발견하는 분도 계셨고, 밴드는 물론 다른 오픈형 SNS를 하시며 더 많은 수익을 창출해 내시는 분도 계셨습니다. 지금은 라이브방송이라는 더 강력한 무기까지 탑재되었기에 우리의 가능성은 더욱 더 커졌습니다.

우리나라 SNS 이용자 1순위를 물었을 때, 대부분의 사람들이 인스타그램이나 유튜브를 이야기합니다. 이것이 바로 네이버밴드가 블루오션이 될 수밖에 없는 이유입니다. 그 누구도, 심지어 SNS 강사들조차 빅데이터를 보기 전까지 네이버밴드가 2021년 현재 안드로이드 사용자들이 가장 많이 이용하는 앱이라는 사실을 알지 못합니다. 그 누구도 예상하지 못한 순간에 어느새 우리의 블루오션은 최강의 SNS가 되어 있었습니다. 그러니 지금이 기회입니다. 이 어마어마한 무기를 그 누구도 최강의 무기라 생각하지 않는 지금이 기회입니다. 모두가 인스타그램과 유튜브와 블로그에서 지나다니는 물고기를 잡기 위해 혈안이 되어 있을 때 우리는 네이버밴드에 안전한 어장을 만드는 겁니다. 그리고 밴드라는 큰 어장에 담겨 있는 1,743만이라는 어마어마한 물고기를 우리의 어장에 담아야 합니다.

　도대체 어떤 사람들이 사용하기에 밴드가 블루오션이 되는 걸까요? 보통의 SNS는 누구에게 무엇을 팔 것인지 혹은 어떤 사람들을 모으고 싶은지에 따라 콘셉트와 아이템이 정해집니다. 자기가 원하는 타깃의 관심사를 연구하고 거기에 맞는 미끼를 던져 나의 포인트에 모이는 물고기의 양을 늘립니다. 그렇다면 밴드는 어떨까요? 밴드 역시 타깃에게 무엇을 줄 것인지 정하는 것이 중요합니다. 하지만 우리가 만들어야 하는 밴드는 그런 밴드가 아님을 또 한 번 강조하고 싶습니다. 우리는 우리가 좋아하는 분야, 좋아하는 아이템을 선정해서 올리고 그에 맞는 섬네일과 제목으로 어장을 꾸며 놓습니다. 그 과정에서 1,700만의 물고기들이 자신의 관심사를 검색하고 취향이 맞는 아이템을 구매하기 위해 우리의 어장으로 자진해서 입성합니다. 오픈형 SNS처럼 그냥 언제고 왔다 갔다 하며 정보라는 먹이를 먹는 것이 아니라 가입이라는 번거로운 절차를 거치고 들어와 본인 취향에 맞는 아이템이라는 먹이를 먹기 위해 내 밴드에서 능동적으로, 적극적으로 헤엄치며 기다리고 있는 겁니다. 그러다 먹이가 올라오는 신호가 오면 즉각적인 반응을 보이는 것이 밴드입니다. 이런 즉각적 반응과 상업 밴드임에도 바로 돈이 되는 이유는 밴드 사용자가 누구인지 알아보면 바로 답이 보입니다.

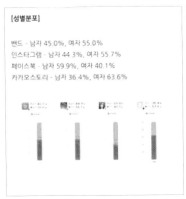

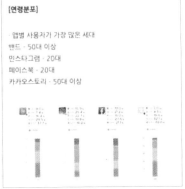

2021년 안드로이드 사용자들이 가장 많이 사용하는 앱인 네이버밴드, 그중에서도 여성들이 훨씬 더 많이 사용하는 네이버밴드는 연령대 분포를 보면 30대에서 50대 사이 여성들의 사용자가 다른 SNS에 비해 압도적으로 높은 것을 알 수 있습니다. 앞선 표가 의미하는 바가 바로 밴드가 블루오션임을 입증해줍니다. 10, 20대 위주의 마케팅을 원한다면 당연히 인스타그램이나 페이스북을 사용해야 하지만 우리가 원하는 타깃, 우리의 제품을 좋아해주고 구매해줄 고객들은 10, 20대가 아닌 30대 이상의 소비력이 강한 연령대이기에 밴드가 모든 조건을 충족해주는 최고의 어장임은 두말할 나위 없는 사실입니다. 여기에 우리를 더 기쁘게 하는 건 아직 이렇게 푸른 바닷속에 커다란 어장이 있고 그 어장 안의 물고기들은 누구나가 그토록 찾아 헤매는 최고의 어종이라는 사실입니다. 그리고 이런 황금어장이 있음에도 거들떠보지도 않는 사람이 태반이고 아예 이런 곳이 있다는 것조차 모르는 사람들이 수두룩하다는 것입니다.

레드오션인 유튜브, 인스타그램, 페이스북에서 스쳐 지나가는 물고기 한 마리라도 잡으려고 피 튀기는 전쟁을 치르고 있습니다. 그런데 1,700만 최고의 어종이 기다리고 있는 푸른 바다 안 커다란 어장에서 유유자적 나의 어장으로 물고기들을 담기만 하면 됩니다. 그 벅찬 기회에 가슴이 뛰지 않으신가요? 바로 지금이 기회입니다. 네이버밴드는 아무도 밴드의 가능성을 모를 때에도 스스로 자생하며 1,700만 회원을 그것도 소비력이 가장 좋고, 활동성이 가장 좋은 30대에서 50대의 회원을 유치해두었습니다. 푸른 바다를 알아보고 도전하는 바로 우리를 위해 밴드가 존재하고 있는 겁니다.

시작하는 즉시 돈이 되는 밴드 만들기

우리에겐 이미 회원을 모아서 어떻게 수익화를 만들지에 대한 구체적인 계획이 나와 있습니다. 그래서 밴드의 회원을 모으고 어떻게 수익을 낼 것인지에 대한 고민은 따로 할 필요가 없습니다. 처음부터 아이템 판매가 목적인 밴드이기에 내 아이템에 관심이 있고 구매 의사가 있는 사람들만 내 밴드에 유입되기 때문에 밴드의 인원이 적어도 즉각적 수익으로 연결될 수 있습니다.

어렵게 콘텐츠를 짜내고 돈을 들여 광고를 해서 많은 사람을 모으는 마케팅형 밴드에 비하면 우리의 회원은 말할 수 없이 적을지도 모릅니다. 하지만 대형 밴드가 꾸준하게 회원을 모으고 소통하며 광고비를 태우는 그 시간에 나의 아이템을 구매해줄 진짜 소비자들만 밴드에 담고 그들에게 집중하며 소통합니다. 그리고 즉각적 매출을 만들어냅니다. 유튜브, 인스타그램, 페이스북, 블로그에도 이미 원하는 정보가 넘쳐나는 시기이기에 정보를 주는 마케팅형 밴드를 관리한다는 것은 엄청난 에너지와 시간과 자본을 요구하는 일이 되어 버렸습니다. 그러나 그런 꾸준한 노력이 이어져 진정성 있는 최고의 빅밴드가 탄생한다는 점에서 마케팅형 밴드도 도전의 가치가 있습니다. 그러나 우리는 지금 무자본으로 밴드를 만들고 바로 수익을 내야 하기에 가내수공업형 상업밴드에 집중하는 게 좋습니다.

아래 이미지는 제가 광고비 하나 들이지 않고 100% 가내수공업으로 키운 저만의 가두리어장 '예쁜옷쟁이' 밴드입니다. 현재는 14,000여 명의 회원분이 함께해주고 계시지만 초기에는 연락처에 있는 지인들을 모두 끌어

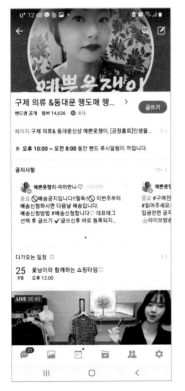

모아서 겨우 몇십 명으로 시작했던 밴드입니다. 처음 밴드를 할 때는 이런 걸 왜 하느냐며 핀잔을 주는가 하면 초대하자마자 바로 나가버리는 등 지인들도 무시하던 밴드였습니다. 그러나 지금은 많은 수익이 창출되고 많은 회원님들과 소통하는 것을 알기에 지인들은 라이브방송에 들어와 옷을 구입하고 자신이 판매하는 아이템의 홍보를 부탁하기도 합니다.

이 밴드를 보면 알 수 있듯이 애초에 예쁜옷쟁이라는 밴드 네임과 라이브방송을 하는 사진이 담긴 섬네일로

이곳이 상업적인 밴드임을 대놓고 알리고 있습니다. 거기에 제목은 구제 의류, 동대문 땡처리 등 제가 판매하고자 하는 아이템에 대해 나열되어 있습니다. 당연히 이곳에 가입하는 분들은 구제의류나 동대문 신상에 관심이 많은 여자분들이고 그분들의 목적은 본인이 구매하고 싶은 예쁜 옷을 착한 가격에 사는 데 있습니다. 이분들께 제가 드려야 할 것은 양질의 콘텐츠가 아닌 내 스타일의 예쁜 옷이면 됩니다. 잘 팔리는 옷, 유행하는 옷도 중요하지만 늘 명심해두어야 할 것은 애초에 내 스타일을 좋아하는 나의 찐 팬 회원들이 있어야 밴드가 오래 지속이 되고 활기 있게 운영된다는 것입니다. 따라서 어떤 기준 없이 이것저것 막 팔기보다는 내가 정말 좋아하고 자신 있는 아이템으로 밴드를 운영하는 것이 좋습니다.

집에서 핸드폰 하나로
월 천만 원을 버는 방법

요즘 저에게 창업 상담이 많이 들어옵니다. 그 궁금증을 풀어 드리기 위해 유튜브 영상 촬영도 하고, 이렇게 책도 씁니다. 밴드로 어떤 사업을 시작하기 전에 여러분들이 지금까지 어떤 방법으로 돈을 벌었는지가 굉장히 중요합니다. 이 책을 다 읽기 전에 여러분들이 돈을 버는 방법들을 한번 죽 적어 보세요. 어떤 분은 회사를 다니셨을 것이고, 어떤 분은 창업을 하신 분도 있을 겁니다. 어떤 분은 전업주부라서 남편이 가져다주는 월급을 쪼개서 생활하셨을 겁니다. 그런데 제가 했던 방법으로 돈을 번 분은 많이 없으실 겁니다.

저는 요즘 핸드폰 하나로 돈을 벌고 있습니다. 과연 핸드폰으로 어떻게 수익을 창출할 수 있을까 굉장히 궁금하시죠? 지금부터 여러분 핸드폰을 한번 보세요. 어떤 앱이 깔려 있는지 죽 살펴보세요. 카메라도 있고, 계산기도 있고 갤러리도 있을 거예요. 저는 가계부, 토스, 모비즈, 카카오페이, NH뱅킹 등이 깔려 있습니다. 그리고 돈 버는 밭인 블로그, 유튜브도 있습니다. 인스타그램, 키네마스터, 당근마켓, 글그램, 네이버 카페 등도 자주 활용하는 앱입니다. 그중 저에게 가장 많은 수익을 주는 예쁜 앱이 밴드입니다. 저는 밴드로 벌어들이는 수익이 가장 큽니다.

여러분의 핸드폰에 필수로 있는 앱 중 하나가 갤러리일 겁니다. 이 갤러리로 돈을 벌 수 있을까요? 갤러리는 사진을 저장하는 앱입니다. 저는 갤러리로 돈을 법니다. 왜냐면 카메라로 사진을 찍어서 밴드에 업데이트를 합니다. 그래서 이 갤러리는 저에게 돈을 쌓아주는 보물창고입니다. 카메라로 돈을 버는 분들이 몇 분이나 계실까요? 요즘 눈에 띄는 플랫폼 중에 당근마켓도 있고 맘카페, 번개장터, 중고나라 등도 있습니다. 이런 앱을 활용해 주부들이나 일반인들이 돈을 벌기 시작하고 있습니다. 카메라나 갤러리로 돈을 버는 분들도 점점 늘어나고 있기는 합니다. 그러나 밴드를 모른다면 분명 한계가 발생합니다.

제 핸드폰에는 돈 버는 앱이 너무너무 많습니다. 스마트스토어도 저에게 돈을 벌어주고, 유튜브 채널도 소비자를 끌어들여 돈을 벌게 합니다. 키네마스터로 편집을 해서 영상들도 올립니다. 온오프믹스는 강의 채널인데 강의를 통해서도 돈을 벌고 있습니다. 지금 제 핸드폰에 설치된 앱 하나하나는 저에게는 다 수익 창출의 수단이 되고 있는 겁니다. 제 핸드폰과 여러분의 핸드폰의 차이를 느끼셨나요? 지금 이 책을 잠시 내려놓고 여러분의 핸드폰 앱 중 돈을 벌어주는 앱이 몇 개나 있는지 체크해 보셨으면 합니다.

사실 처음부터 이렇게 핸드폰으로 돈을 벌었던 건 아닙니다. 지금으로부터 5, 6년 전 저에게 힘든 시기가 있었습니다. 굉장히 가난했던 시기여서 쌀도 떨어져 보고 임대아파트 임대료도 밀려서 쫓겨나기도 했습니다. 그 절박한 상황에서 제가 할 수 있는 것들을 찾아봤습니다. 그런데 아이를 키우는 아줌마로 할 수 있는 일에 제약이 많더군요. 그래서 선택을 한 게 핸드폰으로 할 수 있는 일이었습니다. 그때 제가 맨날 하는 일이라곤 핸드폰 보는 것밖에 없었습니다. 핸드폰으로 할 수 있는 일을 찾고, 맘카페도 가입하고, 공동구매도 해 보았습니다. 안 입는 옷도 팔다 보니 지금은 구제의류로 사업가가 될 만큼 성장했습니다. 사실 그때 그 어려운 시기에 핸드폰

으로 뭔가를 해 보려고 했던 습관이 지금의 돈 버는 습관을 만들어준 것 같습니다. 저는 핸드폰 하나만 들고 돈 버는 방법을 연구했던 그때의 저 자신에게 감사한 마음을 갖고 있습니다. 만약 지금 다시 아무것도 없는 사람이 되더라도 핸드폰 하나만 있으면 돈 벌 자신이 생깁니다. 이미 저는 최고의 수익 창출 수단인 밴드를 능수능란하게 다룰 수 있기 때문입니다.

밴드와 일반 가게의
차이점은 무엇일까?

아무리 밴드가 좋다고 해도 어떻게 하면 아이를 키우면서 돈 벌 수 있을까 궁금하실 겁니다. 돈 버는 방법과 노하우는 물론이고 밴드와 일반 가게의 차이점에 대해서도 알려드리겠습니다. 온라인에는 여러 종류의 가게가 있습니다. 제 주력 종목인 밴드를 포함해서 스마트스토어라는 마켓도 있고, 당근마켓, 중고나라 등도 있습니다. 이 중 당근마켓과 중고나라는 내 가게라고 말하기 힘듭니다. 그런데 밴드와 스마트스토어는 내 고객만 모여 있는 나만의 가게입니다. 거기에 저는 오프라인 매장도 갖고 있습니다.

오프라인 매장과 밴드의 차이를 먼저 살펴보면 둘 다 저에게는 돈이 열리는 나무입니다. 매일매일 수익이 들어오는 돈이 열리는 나무가 맞습니다. 제가 오프라인 매장을 차릴 때는 보증금이 들어갔습니다. 보증금이 무려 3천만 원이며 월세는 270만 원입니다. 지금은 코로나19 때문에 230

만 원으로 월세가 깎여서 조금은 다행입니다. 매장에는 밴드와 달리 제 일을 도와주시는 분들이 있습니다. 포장해 주시는 분, 사진을 찍어주시는 분, 옷을 다려주시는 분이 있습니다. 이 세 분의 인건비가 들어갑니다. 매장 하나를 운영하는 데 한 달에 3백만 원이 넘는 운영비가 듭니다. 매장을 오픈하는 데 들어간 총비용은 보증금 3천만 원에 이사 비용과 옷값을 합쳐서 대략 5천만 원 정도입니다.

그럼 밴드라는 매장은 어떨까요? 밴드에 매장을 오픈할 때 돈이 얼마나 들었을까요? 전혀 들지 않았습니다. 스마트스토어는 어땠을까요? 역시 제로입니다. 밴드는 그냥 만들면 됩니다. 고객은 어떻게 데려올까요? 저는 처음에 밴드를 만들 때 지인들을 먼저 초대했습니다. 어떤 분들은 이걸 굉장히 창피해하더군요. 아는 사람들에게 이런 것까지 알려야 하나 저도 처음에는 망설이고 고민했습니다. 처음에 지인들이 제 밴드에 들어왔을 때, 콧방귀를 뀌더군요. "어우, 뭐야! 이런 걸 왜 만들었어?" 저를 굉장히 비웃었습니다. 그런데 1년이 지나고, 2년이 지나고 3년이 지나면서 고객은 한 명에서 100명이 되고, 100명이 1,000명이 되고 1,000명이 10,000명이 되더군요. 그러면서 저를 비웃던 지인들도 달라지고 심지어 제 오프라인 매장에 와서 옷을 사기 시작했습니다.

오프라인 매장처럼 밴드도 매일매일 출근하는 게 중요합니다. 밴드라는 매장은 여러 번 강조하지만 저에게는 정말 황금알을 낳는 거위입니다. 제 밴드 안에는 충성스러운 고객님들이 늘 저를 기다리고 계십니다. 이게 오프라인 매장과 가장 큰 차이입니다. 현재로서는 두 공간의 매출 차이가 얼마나 날까요? 코로나 전에는 밴드가 3, 오프라인 매장이 7 정도였습니다. 그때는 매장 손님만으로도 충분했습니다. 매장 손님이 가져다주는 매출이 굉장히 크다 보니 밴드를 계속 업데이트할 여력이 안 되었습니다. 그래도 꾸준히 사진을 찍어 주시는 분이 있어서 사진만큼은 계속 업데이트했습니다.

그런데 2020년 1월에 코로나19가 발생하고 나서 매장 매출이 정말 미친 듯이 바닥으로 떨어졌습니다. 하루에 몇십만 원씩 들어오던 카드 매출 수입이 어떤 날은 몇만 원, 어떤 날은 한 푼도 들어오지 않았습니다. 정말 심각하게 매출이 떨어졌습니다. 그래서 고민을 했습니다. 이 위기를 어떻게 극복할까? 그런데 정말 천운이고, 기사회생이고, 전화위복인 녀석을 만났습니다. 그게 밴드입니다. 매장 매출이 떨어짐과 동시에 밴드 매출이 미친 듯이 오르기 시작했습니다. 한 달에 0원이었던 밴드 매출이 가파른 상승세를 보였습니다. 그 이유가 무엇일까요? 여러분도 궁금하지 않으신가요?

코로나 이전에 저는 밴드 라이브방송을 안 했습니다. 그냥 사진만 업데이트했습니다. 라이브커머스 시장이 조금씩 붐을 일으키면서 라이브방송을 하는 사장님들이 좀 있었지만 저는 전혀 손도 못 대고 있었습니다. 그런데 오프라인 매장 매출이 뚝 떨어지면서 어떻게 하면 매출을 다시 상승시킬까 고민하던 중에 우연히 동네 언니들과 라이브방송을 하게 되었습니다. 언니들 옷장 털이 방송을 하게 된 건데 어라? 이게 매출이 쏠쏠하게 올라가는 겁니다. 그 이후로 지금은 4시간에서 6시간 정도 라이브를 제대로 하면 100만 원 정도의 매출이 나오고, 한두 시간 정도 방송을 하면 40~50만 원의 매출이 나옵니다. 저를 도와 아르바이트를 하는 분들이 밴드를 해 주실 때도 두 시간에 20만 원 정도의 매출이 발생합니다. 그런데 더 좋은 점이 있습니다. 바로 밴드는 24시간 개방이라는 겁니다. 스마트스토어도 24시간 개방입니다. 둘 다 라이브방송이 가능해졌습니다. 제 무기들의 성능이 점점 개선되고 있는 셈입니다.

그럼 여기서 어떻게 돈을 벌면 될까요? 두 시간 간격으로 한 명 한 명 매일 다섯 명의 사람들을 대상으로 라이브를 한다고 칩시다. 정말 소소하게 20만 원씩 5명이 운영을 합니다. 그럼 제 밴드 매출은 얼만가요? 100만 원입니다. 그럼 스마트스토어는요? 스마트스토어 라이브도 24시간 열려 있습니다. 심지어 스마트스토어 라이브는 한 번에 몇백 명의 사람들이 들어오는 정말 커다란 시장입니다. 그 시장에서 제가 두 시간 간격으로 다섯 번을 돌린다면 어떨까요? 그럼 제 하루 매출은 얼마가 될까요? 지금 제가 이야기하는 건 이 시장입니다. 밴드와 스마트스토어에서 돈 버는 맛을 본 저는 이제 한 달에 270만 원 고정 지출이 되는 오프라인 매장을 뺄 생각입니다. 지금 같은 코로나 위기가 다시 오지 말

라는 법도 없으니 이 위험한 아이를 안고 갈 필요는 없다고 생각합니다. 이미 저에게는 착한 효자, 효녀인 밴드와 스마트스토어가 있으니까요. 이 두 아이의 시장성도 기존 오프라인 매장보다 훨씬 큽니다.

밴드로 돈 버는 사람들은
누가 있을까?

저는 기존에 오프라인 매장을 운영하시는 분들에게는 오프라인 플러스 온라인을 추천합니다. 그리고 온라인이 어느 정도 자리를 잡아간다면 오프라인은 서서히 정리를 하는 게 좋습니다. 저는 지금 수익 창출 수단으로서의 밴드를 강력하게 추천하는 밴드 전도사가 되었는데 과연 저만 이렇게 밴드로 돈을 벌고 있을까요? 우리가 생각하는 방향은 일단 오프라인은 아니기 때문에 오프라인 매장은 과감하게 제외하겠습니다.

예를 하나 들겠습니다. 제 친척 여동생이 치킨 집을 하고 있습니다. 그 여동생은 본인 돈 3천만 원에 프랜차이즈 회사에서 빌려준 돈 7천만 원을 합쳐서 1억 원을 투자해 치킨 집을 열었습니다. 그런데 어떻게 됐을까요? 정확히 한 달 뒤부터 한 달에 마이너스 오백만 원씩 나기 시작했습니다. 그리고 지금은 빚이 상당히 많아졌습니다. 물론 잘되는 날도 있었겠죠? 그러나 얼마 전 통화 했을 때 한 달에 3백을 판다고 그러더군요. 한 달에 3

백을 팔면 닭값 빼고 뭐 빼고 또 마이너스가 되는 겁니다. 저는 그 동생에게 이렇게 말했습니다. "매장 앞에 행거 두 개 놓고 옷이라도 좀 팔아 봐." 죽어도 말을 안 듣더군요.

그 여동생에게는 언니가 한 명 있는데 언니 역시 돈이 없었고 너무너무 힘들었지만 보증금 3백에 구제의류 매장을 냈습니다. 밴드도 개업을 했습니다. 지금은 1억을 투자해서 치킨 집을 연 동생이 3백만 원 투자해서 창업한 그 언니에게 돈을 빌리러 옵니다. 대구 지역의 상권이 좋지 않은 곳에 가게를 차렸음에도 매일 밤 라이브를 하며 열심히 살았고 한 번에 열 명, 열다섯 명씩을 데리고 라이브를 합니다. 그렇게 해서 자기가 원하는 만큼의 목표를 채우고 지금은 돈을 잘 벌고 있습니다.

이 책을 읽는 분들 중에 저처럼 이런 사업을 하고 싶으신 분, 집에서 아이를 키우며 투잡이 필요하신 분은 밴드를 권합니다. 다만 몇천만 원 번다고 장담은 못 드립니다. 본인이 얼마나 열심히 하느냐에 따라 달라지기 때문입니다. 현실을 말씀드리겠습니다. 저희 매장에서 라이브방송을 해주시는 언니들이 계십니다. 저는 그분들께 제 수익의 20%를 드립니다. 판매 수익의 20%입니다. 어떤 날은 밀크 언니가 5시간을 방송해서 40만 원의 매출을 올렸습니다. 어떤 날은 오로라 언니가 2시간 방송을 해서 19만 원의 매출을 올렸습니다. 오로라 언니가 19만 원을 올렸을 때 가져가는 돈은 3만 8천 원입니다. 사실 다른 아르바이트에 비하면 괜찮은 편입니다. 2시간에 3만 8천 원이라면 20시간을 했을 때 38만 원을 벌 수 있으니 괜찮은 돈벌이입니다.

그런데 이분이 만약 '아, 이렇게 3만 8천 원씩 20%를 받는 거 말고 100% 다 받고 싶은데.' 하는 마음으로 창업을 했다고 가정해봅니다. 제가 하는 구제의류는 굉장히 마진폭이 큽니다. 만약 19만 원어치 팔았다고 하면 이 중 제품값이 차지하는 비중은 크지 않습니다. 이분이 만약 하루 평균 20만 원을 버는데 5일간 라이브를 했다면 100만 원이라는 매출이 나올 겁니다. 이걸 4주 연속으로 했다면 400만 원이 매출입니다. 그런데 400만 원 중 제품값은 아무리 많이 써도 50만 원 정도입니다. 그렇다면 순수익은 350만 원이 됩니다. 이 350만 원을 버는 데 몇 시간이 소요되었을까요? 이 부분이 굉장히 중요합니다. 매일 2시간씩 투자했으니 한 달로 치면 하루 정도의 시간입니다. 하루 방송 시간을 늘린다면 매출은 더 늘어날 가능성이 큽니다. 돈이 들어오는 게 보이면 사람들은 재밌어서 더 하게 되어 있습니다. 2시간이 4시간이 되고, 5일 하던 게 6일이 될 수도 있습니다. 어떤 날은 풀방으로 죽 방송할 수도 있습니다. 저는 이런 방법을 여러분들에게 공유하고자 합니다. 이 책을 통해, 혹은 유튜브 방송을 통해서 말입니다.

BAND

PART 2

밴드의 첫걸음

참 가난하고 힘들게 살았던 저의 인생 터닝포 인트는 바로 네이버밴드입니다. 이렇게 좋은 곳을 놔두고 참 먼 길을 돌았던 것 같습니다. 저의 시행착오를 여러분이 반복하게 하고 싶 지 않습니다. 돌아가지 마시고, 시간 버리지 마 시고 저만 따라오세요. 밴드 만들기의 ABC와 밴 드로 돈 벌기의 XYZ까지 완벽하게 보여드리겠 습니다. 밴드로 돈을 벌고 싶다면 라이브방송이 라는 무기도 잘 활용해야 합니다. 그 방법도 다 알려드립니다.

네이버밴드 만들기,
저만 따라오세요

PC로 네이버에 들어가서 네이버밴드를 검색하면 이런 화면이 나옵니다.
이 화면에서부터 여러분의 터닝포인트가 시작됩니다. 핸드폰 모바일로
앱을 다운받아서 가입을 해도 되고, PC 화면에서 가입을 해도 됩니다. 어
떻게 가입을 하든 한번 가입을 하면 모바일, PC 어디서든 자유롭게 밴드
활동을 할 수 있습니다. 네이버 아이디만 있다면 회원 가입은 더 쉽습니

다. 회원가입을 하고 나면 밴드 만들기가 나옵니다. 누구나 만들기 편하게 가장 눈에 띄는 상단에 밴드 만들기와 밴드 가이드가 위치해 있습니다. 밴드 가이드는 초보자도 손쉽게 밴드를 만들 수 있도록 친절하게 설명되어 있습니다.

밴드 만들기를 누르고 들어가면 만들고 싶은 모임을 선택하라고 합니다. 여기에는 취미, 동호회만 있는 게 아닙니다. 회사, 팀 모임도 있고 강의 모임도 있습니다. 여기서 본인이 수익을 올리고 싶은 사업의 콘셉트를 정해서 밴드를 만들면 됩니다. 맨 우측 하단에 직접 만들기 버튼이 있습니다. 이미 확고한 콘셉트가 준비되어 있는 분이라면 직접 만들기로 직접 들어가도 됩니다. 준비가 덜 된 분이라면 20~30대들이 많이 사용하는 목표달성 밴드 만들기, 즉 미션 인증 밴드 만들기로 도움을 받아도 됩니다. 또한 밴드를 만들려면 밴드 이름이 필요합니다. 처음부터 멋진 이름을 지으려고 너무 힘쓰지 마세요. 제 밴드 '예쁜옷쟁이'처럼 누구나 편하게 접근하고 외우기 쉬운 이름을 짓는 게 중요합니다. 거창하고 멋있다고 좋은 게 아닙니다.

밴드를 만드는 일이 어차피 사람들을 모아서 수익을 올리기 위한 목적이 분명하니 공개 밴드로 설정하는 게 좋습니다. 누구나 들어와서 내 밴드의 스타일, 속성, 가치 등을 알아야 하기 때문입니다. 밴드에 대해서 전혀 모르는 초보자들인 경우는 특히 공개 밴드를 권합니다. 공개 밴드로 시작해서 조금씩 밴드에 익숙해진 후에 비공개로 전환해도 좋습니다. 밴드를 만들 때 첫 화면은 대부분 아무것도 없는 휑한 상태입니다. 여기에 사람들이 끌릴 만한 것들을 하나씩 채워 나가는 것도 재미입니다. 저는 무슨 일이든 재미있게 해야 한다고 생각합니다. 재미를 가지면 몰입도도 높아지고 일의 효율성도 높아집니다. 네이버 블로그를 처음 만드는 그 설레는 마음으로 밴드 만들기에 접근하시면 좋을 것 같습니다.

네이버밴드 화면 꾸미기는 네이버 블로그랑 언뜻 비슷한 것 같습니다. 일단 프로필을 잘 만드는 것이 중요합니다. 프로필은 여러분이 운영하는 밴드의 확고한 콘셉트가 드러나야 합니다. 프로필만 보고도 사람들이 '아, 이런 밴드구나.' 하고 10초 만에 알 수 있도록 만들어야 합니다. 천 리 길도 한 걸음부터라고 했습니다. 아무리 좋은 물건도 자기가 직접 써 보지 않으면 무용지물입니다. 밴드를 만드는 데 드는 시간은 1분도 안 걸립니다. 그런데 그 1분이 여러분의 인생을 바꿀 수 있다고 생각하면 정말 짜릿하지 않습니까. 제가 경험한 그 짜릿함을 여러분과 나누고 싶은 마음이 저는 너무나 강렬합니다.

밴드를 만들고 나면 반드시 해야 할 일이 있습니다. 수시 업데이트입니다. 성실함이 아주 중요합니다. 매일 짧은 글, 사진 한 장이라도 계속 업데이트해야 합니다. 지하철을 타고 움직일 때도 밴드를 생활화해야 합니다. 밴드로 뭔가를 이루려고 한다면 밴드를 끼고 살아야 합니다. 밴드를 처음 만들기는 쉽지만 꾸준히 유지하기는 쉽지 않습니다. 결국 성공은 꾸준함이 좌우합니다. 요즘 말로 '졸꾸'를 무기로 삼으세요. 1일 1밴드 포스팅, 이게 가장 중요합니다. 저는 제가 팔아야 할 옷, 제가 읽은 책 등을 수시로 올려서 사람들의 관심을 지속적으로 붙잡아두었습니다. 여러분의 핸드폰 속에 있는 앱, 특히 사진만 저장해놓는 활용도 높지 않은 갤러리가 밴드와 연계되어 엄청난 일을 하도록 만드세요. 그러면 한 달 후, 1년 후 당신의 인생은 확실히 달라질 것입니다.

초보자도 누워서 떡 먹기,
참 친절한 밴드 가이드

네이버밴드가 좋은 점은 초보자들의 접근을 아주 쉽게 만들어 놓았다는 것입니다. 밴드 만들기 만큼 눈에 띄는 자리에 밴드 가이드를 만들어 놓은 것도 초보자들이 가이드만 잘 봐도 쉽게 밴드를 만들고 활성화할 수 있기 때문입니다. PC에서 시작하든, 핸드폰에서 시작하든 네이버가 정리해 놓은 밴드 가이드만 잘 따라 하면 짧은 시간 안에 밴드 전문가가 될 수 있습니다. 네이버에 '네이버 밴드 가이드'를 검색하면 기본적으로 앞의 이미지처럼 4가지 이상의 밴드 도우미들이 항시 대기하고 있습니다. 저는 밴드 가이드를 추천합니다. 이곳에 들어가면 여러분들이 궁금해하는 밴드의 모든 것들이 자세히 정리되어 있습니다. 밴드 가이드에는 초보자 꿀팁, 밴드 설정, 온라인 수업, 비디오콜 그리고 제가 가장 강조하는 라이브 방송까지 항목별로 정리되어 있습니다.

모바일 버전의 밴드 가이드는 앞선 이미지처럼 되어 있습니다. 공지사항에는 학교, 학원 등에서 라이브방송을 활용하는 방법에 대해 공지해 놓고 있습니다. 사람들이 자주 묻고 궁금해하는 것들이 가장 눈에 띄는 자리에 있으니 이것만 상세히 들여다봐도 밴드에 대해서는 어느 정도 감이 잡히실 겁니다.

밴드 개설 시 이름은 나중에 바꿀 수 있지만 잘 팔리는 밴드를 만들기 위해서는 다음에 유의해야 합니다. 밴드의 이름은 키워드 검색 노출에 굉장히 영향력이 큽니다. 밴드 이름을 지을 때는 반드시 본인의 아이템이 제목에 꼭 들어가도록 하세요. 제목을 짓기 전에 키워드 검색을 먼저 해 보는 걸 권합니다. 이 키워드 검색을 통해 같은 아이템의 밴드가 얼마나 있는지도 확인할 수 있습니다. 최상위 밴드의 제목, 설명, 주소, 글 수 등을 분석한 후 벤치마킹을 하세요. 밴드 초보자는 무조건 잘나가는 사람, 잘난 사람을 벤치마킹하는 게 우선입니다.

밴드 섬네일 단계에서는 키워드 검색 후 회원 수가 많은 밴드의 공통점을 먼저 찾습니다. 그리고 검색 시 노출 방법을 고민합니다. 섬네일에는 밴드 이름을 꼭 넣어야 합니다. 기왕 섬네일을 만들려면 눈에 잘 띄는 섬네일을 만들기 위해 공을 들여야 합니다. 내 온라인 가게의 첫 간판을 눈에 확 들어오게 만들라는 것입니다. 섬네일을 제작할 때 필요한 편집 앱은 다음과 같은 것들이 있습니다. 우선 '캔바모바일'은 핸드폰 기반이기에 모든 편집도 모바일로 하며 섬네일, 인스타그램, 유튜브 등에 올라갈 홍보 이미지를 제작할 때 필요한 앱입니다. '글그램'은 사진 위에 글쓰기가 기능한 앱입니다. '컬리지메이'는 사진 꼴라쥬, 합성 등을 할 수 있습니다. 또한 밴드 설명란에는 관련 키워드를 넣고 밴드 링크와 밴드 주소를 설정 하면 됩니다.

대기업들이 밴드에 뛰어들어 실패한 이유는 무엇일까?

네이버밴드가 좀 효과가 있다고 하니 대기업도 호시탐탐 이 효과 덕을 보려고 합니다. 6~7년 전에도 밴드 마케팅이 엄청난 붐을 일으킬 때 대기업들이 한번 뛰어든 적이 있었습니다. 돈이 되거나 홍보 효과를 볼 만한 무기가 생기면 바로 뛰어드는 게 대기업입니다. 밴드가 인기를 끈 것은 카카오스토리가 내리막길로 들어서던 시점입니다. 공동구매족, 줄여서 공구족들에게는 카카오의 규제 정책이 불편했습니다. 폐쇄형인 SNS에 더 폐쇄적인 카카오를 벗어나 사람들이 밴드로 건너왔습니다. 이후 밴드는 카카오의 완벽한 대체제가 되었습니다. 광고비 역시 카카오스토리에 비해서 월등하게 저렴했기 때문에 카카오스토리에서 '공구'를 주로 하던 채널들은 밴드로 급속하게 이동했습니다. 밴드는 비교적 저렴한 광고 비용에 안정적인 노출이 가능했으며, 게시 글마다 독립 주소가 있어 공유를 하기에도 아주 매력적이었던 겁니다.

〈과거에 시행했던 밴드의 소셜 광고〉

밴드에 사람들이 모이자 대기업도 당연히 관심을 갖게 됩니다. 밴드 역시 기업을 환영합니다. '빅밴드'라는 기업형 상품을 출시했는데 '빅밴드'는 푸시, 새소식 알림 광고를 저렴하게 이용할 수 있었으며 기업 밴드를 사용자들에게 노출시키는 '소셜 광고'도 이용할 수 있었습니다. 또한 비즈센터 파트너에 정보를 등록하면 방문객 수, 글 조회 수, 댓글 수 등의 일간 통계 정보까지 한눈에 확인할 수 있으며, 광고뿐 아니라 다양한 부가기능까지 제공했습니다. 지금은 이런 기능들이 축소되었기에 과거가 참 신기할 수도 있습니다. 대기업들이 밴드라는 신세계에 적극적으로 뛰어들었지만 페이스북보다 공유와 노출량을 확보하기 힘들어 결국 실패하고 맙니다. 밴드는 저나 여러분 같은 소상공인들에게는 최적의 도구이지만 대기업의 사이즈에는 맞지 않는 도구였습니다.

과거나 지금이나 밴드의 가장 큰 장점이 무엇일까요? 공구를 하기에 아주 매력적인 플랫폼이라는 점입니다. 만약 다양한 방법으로 구독자를 모았다면 대기업도 페이스북보다 더 안정적인 노출량과 팬덤을 만들어 낼 수 있었을 겁니다. 밴드는 게시 글마다 존재하는 독립 주소를 통해 굳이 밴드에 가입하지 않아도 게시 글의 내용 및 링크를 클릭하고 확인할 수 있는 장점도 있었습니다. 그러나 이 정책도 2016년 이후 완벽한 폐쇄형으로 바뀝니다. 저는 사실 폐쇄형이 더 좋습니다. 막연한 타깃이 아닌 아주 구체적이고 구매력이 매우 높은 타깃을 확실하게 내 밴드에 가두어 놓고 판매를 할 수 있으니 다른 SNS보다 메시지 도달률, 판매 효율이 높기 때문입니다.

사람들이 모여드니 광고도 늘고, 그러다 보니 스팸 게시물도 마구마구 생겨나서 피해가 커졌습니다. 이런 부작용들로 인해 밴드는 규제를 늘려갔고 마케터들이 마음 놓고 활동하기 힘든 극도로 폐쇄적인 채널로 바뀌게 된 겁니다. 밴드 마케팅의 관건이 무엇일까요? 뭐니 뭐니 해도 회원들의 체류 시간입니다. 다른 SNS와 비교해서 밴드의 체류 시간은 아주 놀라울 정도입니다. 그리고 회원의 특성이 단순하게 정보만 얻어 가려는 사람이 아니라 아주 끈끈하다는 장점이 있습니다. 이 점은 신뢰성과 충성도로 이어집니다. 대기업의 실패로 당분간 밴드는 소상공인의 주력 플랫폼이 될 겁니다. 우리는 이 기회를 잘 활용해야 합니다. 코로나19로 힘들어하는 1인 기업, 소상공인들은 밴드라는 매체를 적극 활용할 필요가 있습니다. 제가 경험한 바로는 대기업의 방해 없이 소상공인들이 자유롭게 마케팅을 할 수 있는 채널은 밴드가 거의 유일합니다. 바로 그 장점 때문에 이 책을 통해 여러분에게 밴드를 강력히 권하는 것입니다.

어떻게 내 밴드를
더 많은 사람에게 알릴 수 있을까?

이제 밴드라는 무기가 서서히 손에 잡히실 겁니다. 밴드를 개설하고 밴드가 자신만의 수익 플랫폼으로 자리 잡고 난 뒤에는 사람들에게 알리는 게 중요합니다. 일단 여러분의 제품을 누가 관심을 갖고 구매할까요? 바로 타깃 설정이 필요합니다. 저의 경우는 30~40대 주부가 메인 타깃이었습니다. 물론 20대 여성들도 제 밴드에 들러 가끔 구매를 하지만 그래도 거의 70% 이상은 30, 40대 주부들입니다. 이분들이 저의 팬덤입니다. 타깃 설정만큼 중요한 것은 밴드를 상위권에 노출시키는 것인데 꿀팁 세 가지를 알려드리겠습니다. 첫 번째는 매일매일 글을 쓰는 것입니다. 성실성을 보고 고객이 찾아옵니다. 두 번째는 댓글의 양을 늘려야 합니다. 고객과의 적극적인 반응과 소통이 팬덤을 만듭니다. 마지막 세 번째는 사진 업데이트 경매를 해야 합니다. 이는 고객의 참여를 증가시키는 효과를 주기 때문에 SNS 운영을 하고 있다면 본인의 링크를 뿌리면 도움이 됩니다.

저는 제 밴드를 이렇게 홍보합니다. 제가 하는 것 그대로 알려드리고자 합니다. 첫 번째는 인스타그램입니다. 두 번째는 블로그, 세 번째는 유튜브, 네 번째는 카카오스토리에 홍보합니다. 다섯 번째는 뭐가 있을까요? 오픈 톡방이 있습니다. 여섯 번째는 카페입니다. 이것은 그냥 카페 침투라고 하지만 사실은 침투가 아닙니다. 카페들 중에는 잘 찾아보면 자기 밴드를 홍보하거나 공개할 수 있는 그런 카페들이 굉장히 많습니다. 그런 카페를 찾아 침투해서 자기 밴드를 소개합니다. 내 제품을 소개할 때도 사실 카페들이 굉장히 많기 때문에 홍보 매체로 카페는 굉장히 도움이 됩니다.

그러면 인스타그램, 블로그, 유튜브, 카카오스토리, 오픈 톡방, 카페 침투 그리고 일곱 번째는 뭐가 있을까요? 저는 제가 사용할 수 있는 홍보 루트는 다 활용하는 편입니다. 제품을 팔 때 눈에 띄는 곳 중에 당근마켓도 있고 중고나라나 맘카페도 있습니다. 저처럼 옷을 파는 사람은 의류 카페도 중요합니다. 물건을 파는 게 목적이니 당연히 쇼핑몰 창업 카페도 들러야 합니다. 이렇게 활용할 수 있는 다양한 카페들이 너무나 많습니다. 그 카페 사람들을 어떻게 내 밴드로 데려올까요? 여러분이 유의해야 할 것이 카페 중에는 홍보를 허용하는 카페가 있고 그렇지 않은 카페도 있다는 겁니다. 그럼 홍보를 허용하지 않는 카페는 어떻게 해야 할까요? 제가 그 어떤 곳에서도 알려주지 않는 꿀팁을 이 책에서만 독점 공개하겠습니다. 문제는 이렇게 알려드려도 직접 하실 수 있는 분이 많지 않다는 겁니다. 이유는 핸드폰을 거의 끼고 살아야 하기 때문입니다.

저는 잠자는 시간만 빼고 거의 핸드폰을 잡고 삽니다. 지하철 탈 때도 밥 먹을 때도 자기 전에도 핸드폰을 붙잡고 어떻게 하면 내 밴드를 더 확장시킬까 고민합니다. 밴드로 뭔가를 이루려면 이 정도의 마음가짐과 정성은 필요합니다. 이 책을 통해 여러분이 얻어갈 것은 단순히 밴드 꿀팁을 챙기는 게 아니라 생각의 변화, 자세의 변화입니다. 세상에는 좋은 것들이 널려 있습니다. 마케팅 스킬, 효율적인 매체들도 많습니다. 그러나 중요한 것은 여러분의 머리와 가슴입니다. 여러분의 뇌가 바뀌어야 합니다. 여러분의 머리에 '이건 안 돼~!!' '안 하는 게 맞는 거야.' '나는 못 해.' '나는 왜 이렇게 안 되지.'라는 부정적 생각이 꽉 차 있다면 그 어떤 좋은 것을 집어넣어도 변화가 생기지 않습니다.

가장 중요한 것은 계속 생각하는 겁니다. '어떻게 하면 되지?' '어떤 방법을 써야 하나?' '어떻게 접근해야 하나?' 이렇게 생각하면서 자꾸 자신이 원하는 것들을 찾아가야 합니다. 어떻게 하면 내 밴드를 많은 사람들에게 알릴 수 있는지 계속 고민하고 파고들어야 합니다. '어떻게 하면 1만 명을 만들지?' '어떻게 하면 10만 명을 만들지?' '어떻게 하면 더 많은 판로를 개척할 수 있지?' '어떻게 하면 하루에 백 원이라도 더 벌 수 있지?' '어떻게 하면 하루에 십만 원이라도 더 벌 수 있지?' 이렇게 계속 생각하면서 집요하게 파고들어야 합니다. '어떻게 하면? 어떻게 하면? 어떻게 하면?'이 중요합니다. '왜 난 안 돼? 왜 난 안 돼? 왜 난 안 돼? 난 안 돼. 난 안 돼. 난 안 돼.'라는 생각만 계속 가지고 있다면 아무런 변화도 얻을 수 없습니다. 지금 이 책을 읽는 이 순간부터 가장 중요한 것은 여러분들의 머리를 비우는 겁니다. 새로운 것들을 집어넣으려면 머리를 비워야 합니다. 나를 열 받게 한 사람, 나를 화나게 한 사람, 나를 기분 나쁘게 했던 상황들, 내가 안 되는 이유, 나의 스트레스 요인 등등 이 모든 것들이 복잡하게 쓰레기통처럼 내 머릿속에 꽉 차 있으면 어떤 말도 들리지 않습니다. 어떤 좋은 환경도 나에게 오지 않습니다. 그래서 저는 우리 사장님들한테 이 얘기를 꼭 해드리고 싶습니다. 밴드도 중요하고 카페도 중요하고 유튜브도 중요하고 블로그도 중요하고 인스타그램도 다 중요합니다. 장사하는 것도, 돈을 버는 것도 다 중요합니다. 하지만 진짜 중요한 게 여러분의 생각입니다. 내 생각 내 마인드가 정리되어 있지 않으면 그 어떤 것도 사실은 소용이 없습니다.

돈을 버는 방법, 성공하는 방법, 올바른 삶을 살 수 있는 방법, 즐거운 인생을 살 수 있는 방법들은 많지만 제가 생각하는 방법은 단 하나입니다. 바로 마인드 컨트롤, 생각 정리, 뇌 비우기입니다. 뇌를 비우세요. 저도 여러분처럼 머릿속이 쓰레기통으로 꽉 차 있었습니다. 그런데 밴드로 사업을 한 후로는 오래 담아 두지 않고 그때그때 털어 버립니다. 여러분도 저처럼 빨리 털고 여러분이 이루고 싶은 것, 돈 벌 것에 대해 생각하세요. 어떻게 하면 더 좋아질까를 생각하세요. 이 생각만 여러분의 머리에 꽉 꽂히면 그다음 일은 술술 풀려 나갈 것입니다.

저는 밴드를 확장하고 저를 홍보하는 데 집중하면서 매일 나 자신을 어떻게 발전시킬지 생각합니다. 트레이닝 방법은 하루에 백 번씩 목표 적기와 어떻게 이 목표를 이루어낼지 비전 플래닝을 하루에 20가지씩 적는 겁니다. 오늘의 실천 일기, 이뤄야 할 10대 목표를 하루도 빠지지 않고 매일 적습니다. 토요일, 일요일도 빼놓지 않습니다. 저는 밴드를 권하면서 제가 했던 이 방법을 함께 권합니다. 어려운 일이 아닙니다. 저와 함께 이 책 속의 제 트레이닝법을 보면서 따라 하면 됩니다. 밑바닥에서 치고 올라가는 제 힘의 원천을 얻어 가시면 됩니다. 이 책을 잡고 있는 순간만큼은 잡생각을 버리고 여러분 자신에게 집중하고 여러분을 조금 더 발전시킬 방법을 생각하세요. 구체적이고 뚜렷한 목표를 잡으세요. 막연하게 밴드로 뭘 하겠다가 아니라 밴드라는 무기로 어떤 꿈을 이룰 것인지, 지금 이 순간 이 일을 왜 해야 하는지를 정확하게 알고 시작하세요. 그걸 모르고 무언가를 한다면 절대 멀리 갈 수도 없고 큰일을 이룰 수도 없습니다.

저는 제 속에서 불끈하는 열정을 날것 그대로 여러분들에게 전하려 하다 보니 여섯 번째, 일곱 번째 방법을 이야기하다가 잠시 인생의 자세에 대해 이야기하게 되었습니다. 잘 보이기 위해 치장하는 게 아니라 그저 제 마음의 열정을 보여드리기 위함이라 편집도 따로 하지 않고 그냥 이대로 술술 글을 정리합니다. 다시 돌아가서 중고나라 맘카페에 침투를 합니다. 거기서 제 밴드로 사람들을 놀러 오게 하는 방법이 뭐가 있을까요? 그곳에서 조금만 홍보를 해도 강퇴를 당할 수 있습니다. 강퇴를 당하지 않는 방법이 뭐가 있을까요? 물론 이 방법도 돈이 조금 들어갑니다. 그 첫 번째가 제휴 마케팅입니다. 카페장과 조인을 해서 카페 내 게시판을 만드는 방법이 가장 좋습니다. 그런데 돈도 없고 실행할 힘도 없다면 두 번째 방법이 있습니다. 사실 이 방법은 제가 비싼 강의료를 내고 배운 방법이라 여러분들에게 다 오픈할 수는 없습니다. 오픈하려고 해도 저에게 이걸 가르친 분의 지적 재산권을 침해하는 일이니 그 정도의 불가침은 지켜야 합니다. 그 중요한 부분을 빼고 얘기하더라도 여러분에게는 충분히 도움이 될 것입니다.

자, 여기 중고나라 맘카페가 있습니다. 이 카페에 들어가서 활동을 합니다. 글도 쓰고 댓글도 달고 굉장히 열심히 활동을 합니다. 그럼 어떤 일이 생길까요? 내 글에 공감하고 내 글을 보는 사람들이 생깁니다. 제가 사용하는 닉네임이 예쁜옷쟁이입니다. 그 닉네임을 치면 블로그와 연동이 되어서 그 블로그에도 들어가 보고 싶어집니다. 제 블로그에 들어온 사람은 제 밴드 주소도 확인할 수 있습니다. 그리고 거기에는 제가 파는 옷들이 나옵니다. 제가 활동하는 것들이 죽 나옵니다. 저는 중고나라 카페에서 아무런 홍보 활동을 하지 않았습니다. 그냥 열심히 게시 글을 쓰고 댓글만 달았을 뿐입니다. 그런데 그 카페 사람들이 제 글과 댓글을 보고 공감을 하고 제 닉네임을 통해 제 블로그에 들어옵니다. 이렇게 블로그로 유입된 사람들이 바로 제 밴드로 들어오게 됩니다.

저는 이 간단한 방법으로 인스타그램, 블로그, 유튜브, 카카오, 오픈톡방, 카페, 당근마켓 같은 곳에 침투해서 사람들을 제 밴드로 유입시킵니다. 마케팅과 관련한 플랫폼도 엄청 많습니다. 마케팅 카페, 마케팅 톡방도 있습니다. 그곳에서도 활동하면서 그곳 회원들을 제 블로그로 유입시키고 제 밴드로 들어오게 합니다. 돈 없고 실력이 없으면 노력이라도 열심히 해야 합니다. 그런데 이 방법은 여러분이 지하철을 타고 다니면서,

버스를 기다리면서도 충분히 할 수 있는 일입니다. 1년만 죽었다고 생각하고 이렇게 활동하면서 자신의 닉네임을 알리고 밴드로 유입시켜 보세요. 여러분에게 공감하는 적극적인 지지층들이 여러분이 팔려고 하는 제품에 관심을 갖고 적극적으로 구매 버튼을 누르게 될 것입니다. 지금 제가 하는 일은 저의 열정, 제 고민과 생각을 담아 거미줄처럼 각 플랫폼, 카페 등에 이어져 있습니다. 여러분도 할 수 있습니다. 머리를 비우고 제가 걸어간 길을 따라만 오시면 됩니다.

네이버밴드로
물건을 잘 파는 방법

장사를 하시는 분들이 네이버밴드를 안 하고 계신다? 너무 안타까운 일입니다. 손쉽게 매출을 늘릴 수 있는 그 좋은 도구를 그냥 방치하는 겁니다. 고기 장사, 옷 장사, 가구 장사 등등 장사를 하시는 고수들은 요즘 밴드로 모여듭니다. 밴드를 개설하고 매출이 2배, 3배 뛰었다는 분들도 많습니다. 그 이유는 장기간 내 밴드에 머무는 고객들에게 내 제품을 어필하기도 좋고, 계좌 입금부터 배송까지 다른 온라인 쇼핑몰보다 간편하기 때문입니다.

네이버밴드로 물건을 팔 때는 공지사항에 파는 물건에 대한 정확한 정보를 알려주고, 바로 그 밑에 주문 방법과 계좌 입금 방법을 안내하면 됩니다. 물건에 대해 자세한 내용(온라인 쇼핑몰의 상세 페이지 같은 것)은 밴드 게시판에 사진 등으로 친절하게 설명하면 됩니다. 고객에게 무조건 싸고 괜찮은 물건을 잘 발견했다는 느낌을 주는 게 중요합니다. 그 느낌이 강하면 강할수록 재구매로 이어질 가능성이 아주 높습니다. 밴드에 물건을 팔 때, 해시태그도 잘 활용해야 합니다. 해시태그는 내 제품이 조금이라도 더 노출되게 만드는 방법입니다. 트래픽이 쌓이다 보면 구매로 이어지는 비율도 높아지게 됩니다. 밴드에 올리는 제품 사진도 아주 중요합니다. 어떤 분들은 스튜디오에서 정성을 들여 찍기도 하고 수산물을 파는 어떤 분은 사진 보정 없이 그냥 매장의 싱싱한 제품을 날것 그대로 보여주기도 합니다.

밴드는 스마트스토어보다는 광고를 많이 못 하지만 스마트스토어가 갖지 못한 장점도 있는데 바로 고객과의 실시간 채팅, 소통입니다. 내 물건에 대한 피드백도 빨라서 즉각적으로 보완하고 다시 올릴 수도 있습니다. 고객들도 그 점을 무척 만족스러워합니다. 장사를 하시는 분들에게 네이버밴드가 좀 더 쉽고 편리한 점은 상세 페이지에 크게 시간을 할애하지 않아도 개인 밴드 가입자들에게 충분히 상품을 보여줄 수 있다는 점입니다. 가족같이 소통이 가능하며, 딱딱한 주문서를 통한 주문 배송이 아닌 조금 더 고객의 니즈에 맞게 유연하게 판매가 가능하다는 점입니다. 그래서 장사하시는 분들에게 밴드 운영은 필수적입니다. 하지만 아직 20~30대 일반인들에게는 밴드가 유용한 SNS 채널이 아니라서 그들에게 접근하는 방법을 저도 아직 고민하고 있습니다. 그러나 40대 이후 분들에게는 밴드가 많이 활성화되어 있어서 아버님, 어머님들을 통해 광고를 하고 가입자를 유치하고 있습니다.

네이버밴드에는 광고를 하는 '네이버밴드 페이지'라는 게 있습니다. 자신의 밴드를 더 많이 알리고 싶은 분은 돈을 들여서라도 이곳에 노출을 합니다. 네이버밴드 페이지는 네이버밴드의 블로그 정도로 생각하면 됩니다. 저는 운영하고 있는 밴드와 바로 연동할 수 있어서 밴드 가입자들은 자동으로 페이지가 구독되는 시스템으로 설정을 해두었습니다. 또한 페이지 영역에서 여러 키워드를 통한 검색으로 저희 페이지가 노출될 수 있어서 그런지 밴드 가입자보다 페이지 구독을 하시는 분들에게서 조금 더 좋은 결과를 얻을 수 있었습니다. 네이버밴드를 시작하신 분들은 페이지도 같이 운영하시길 적극 추천드립니다.

요즘같이 오프라인으로 장사를 하기 어려운 시기에, 또한 앞으로도 예전으로 돌아갈 수 없을 것이라는 판단으로 밴드를 시작하였습니다. 처음에는 얼마나 수요가 생길까 했지만 금방 '잘하면 되겠다!'라는 생각으로 바뀌었습니다. 앞으로 더욱 활성화가 되면 온라인으로도 충분히 판매 수요가 늘 것입니다. 오프라인 매출이 많이 떨어진 분들이 밴드 운영으로 매출이 2배, 3배 늘어났다는 소식도 여기저기에서 쉽게 들을 수 있고, 앞으로도 밴드의 영향력은 점점 더 커질 것입니다. 네이버밴드가 현재 쉽고 빠르게 장사를 할 수 있는 최적의 수단이라고 저는 확신합니다.

네이버밴드,
광고를 해야 하나? 말아야 하나?

네이버밴드 광고에는 어떤 종류가 있고 어떤 걸 활용하면 좋을까요? 광고 상품 종류에는 디스플레이 광고, 소셜 광고, 네이티브 광고, 스티커 프로모션 광고 등이 있습니다. 아마 밴드를 이용한다면 한 번씩은 봤을 광고들입니다. 하나씩 알아보겠습니다.

먼저 디스플레이 광고는 지인 기반 밴드의 충성도 높은 유저를 대상으로 강력한 브랜드 마케팅이 가능한 프리미엄 브랜딩 광고 상품입니다. 앱 종료 시 노출되는 안드로이드 전용 상품으로 브랜드 인지 효과 및 클릭을 극대화할 수 있는 풀스크린 앱 종료 광고부터 오브젝트를 강조한 띠 배너 형태의 상품으로 높은 주목도를 가져갈 수 있는 띠배너 광고 등이 있습니다. 다만 이 광고는 비용 측면에서 조금 부담될 수 있는 금액을 지불하고 광고를 집행해야 하기 때문에 추진하기 전에 신중히 생각해 보아야 합니다.

소셜 광고는 알림 광고와 새 소식 밴드 홈 광고가 있습니다. 알림 광고는 높은 도달률로 밴드 멤버들에게 푸시와 새 소식 알림을 동시에 보낼수 있습니다. 고객이 놓치지 말아야 할 중요한 알림이나 이벤트를 저렴한단가에 진행할 수 있습니다. 해당 밴드 멤버들 중 최근에 밴드를 사용했으며 푸시 알람 설정을 켜 놓은 멤버에게만 가능합니다. 또한 새 소식과밴드 홈은 내가 만든 밴드를 밴드 사용자에게 알려 모객할 수 있는 노출형 광고 상품으로 밴드의 다양한 영역으로 새로운 멤버들을 모을 수 있습니다.

네이티브 광고는 피드 광고로 진행합니다. 새 글 피드 영역에서 텍스트와 콘텐츠가 결합되어 네이티브 광고 형태로 노출됩니다. 타깃에 맞춰 광고가 되니 원하는 타깃이 있는 경우에 보다 효율적으로 이용할 수 있습니다. 광고 소재 또한 단일 이미지, 이미지 슬라이드, 단일 동영상 중 선택해서 집행이 가능하니 나와 가장 잘 맞는 소재를 선택해서 타깃 멤버들에게노출을 하면 효과적입니다. 이 광고는 자연스러운 콘텐츠와 효과적인 광고의 결합으로 밴드 새 글 피드 중간에 노출되어 사용자의 거부감을 줄이고 효과적인 메시지 전달이 가능하다는 것이 장점입니다.

마지막으로 브랜딩을 목적으로 하는 경우에는 스티커 프로모션 광고를 눈여겨보면 좋습니다. 밴드 인기 유료 아이템인 스티커를 활용한 퍼포먼스 형태의 마케팅 광고 상품이며 게시판 및 채팅 등 밴드 서비스에서활용도 높은 유료 아이템인 스티커를 보상으로 제공해 밴드 이용자의 적극적인 호응과 참여 유도가 가능합니다. 다운받은 스티커는 30일간 사용

가능하므로 이용자가 게시판, 채팅 등 밴드 서비스에 사용하면서 자연스럽게 브랜딩 광고 효과를 볼 수 있습니다. 다만 스티커의 기능상 브랜딩과 맞는 캐릭터가 있어야 한다는 점을 잊지 말아야 합니다.

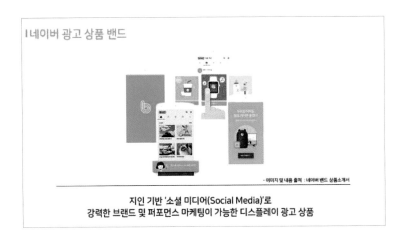

지인 기반 '소셜 미디어(Social Media)'로
강력한 브랜드 및 퍼포먼스 마케팅이 가능한 디스플레이 광고 상품

돈이 되는 라이브방송
무조건 따라 하기

누구나 라이브방송의 주인공이 될 수 있습니다. 누구나 라이브방송으로 돈을 벌 수 있습니다. 그러나 "지금 하십시오!"라고 말을 해도 사실 어디서부터 어떻게 시작해야 할지 막막한 분들이 대부분이라 생각합니다. 동네 아줌마가 실천했던 방법이기에 어떤 전문용어나 고급 장비들이 나오지도 않습니다. 여러분이 준비해야 할 것은 가지고 있는 핸드폰 하나뿐입니다. 거기에 조금 더 편안하게 하고 싶다면 할인마트나 인터넷 사이트에 넘쳐나는 핸드폰 거치대를 하나 장만하면 됩니다. 그러다 조금 더 예쁘게 화면에 나오고 싶다면 인터넷 사이트에서 3만 원대로 판매하는 링라이트 하나만 사면 그뿐입니다. 이 세 가지로 여러분의 창업 준비는 끝이 납니다.

물론 거치대를 사고, 안 쓰고 굴러다니는 핸드폰을 보조 핸드폰으로 사용한다면 더 훌륭하고 편안한 라이브가 완성됩니다. 해야 할 일들은 그것뿐이며, 사야 할 장비의 목록도 다 해도 10만 원이 넘지 않습니다. 우리는 이렇게 정말 말도 안 되게 쉽고 편안한 방법으로 돈을 벌 겁니다. 언제부터? 이 책을 편 지금 이 순간부터! 여러분이 조금이라도 더 편하고 쉽게 라이브방송의 주인공이 될 수 있도록 이 책을 쓰며 많은 생각을 했습니다. 여러분은 라이브의 '라' 자도 모르고 밴드의 '밴' 자도 모르며 라이브방송으로 돈을 번다는 것은 생각조차 못 하는 사람입니다. 그런데 지금 라이브방송을 시작해 돈을 벌려고 합니다.

자, 어떤 부분에서 가장 막히십니까? 그리고 어떤 부분이 가장 궁금한가요? 무엇부터 시작해야 할까요? 이렇게 처음 시작하는 여러분의 입장이 되어 아주 작은 부분 하나까지 적어 내려갔습니다. 그러니 여러분은 무작정 저를 따라 하시면 됩니다. 그리고 시작하시면 됩니다. 많은 라이브방송 플랫폼이 있지만 우리가 함께 만들고 수익을 낼 플랫폼은 네이버의 밴드라는 플랫폼입니다. 밴드에서 라이브를 진행하기 위해서는 먼저 본인 계정이 밴드에 가입되어 있는지 확인해야 합니다. 유튜브나 스마트스토어처럼 라이브방송을 하는 데 조건이 있거나 기간이 오래 걸리지 않습니다. 가입 즉시 라이브가 가능하다는 것이 밴드의 특징이자 장점입니다. 아직 회원 가입을 하지 않았다면 회원 가입을 먼저 한 후 밴드를 개설해야 합니다. 밴드 개설 방법은 앞서 친절하게 말씀드렸습니다. 누구나 라이브방송을 할 수 있지만 다른 사람이 만들어 놓은 밴드에서 라이브를 하려면 유튜브나 스토어처럼 기간이 걸리거나, 자격 요건이 필요하거나, 수수료를 내야 하는 경우도 있기 때문에 본인이 만든 밴드에서 라이브를 시작하는 것이 가장 좋은 방법입니다.

밴드의 첫걸음

라이브방송 시 준비해야 할 것들

먼저 라이브방송 시 반드시 알아두어야 할 것 몇 가지가 있습니다. 뭔가를 만들려면 기본 준비물이 필요합니다. 방송을 위해

꼭 필요한 준비물이니 이 정도쯤은 챙겨두시기 바랍니다. 우선 거치대, 링라이트, 보조 핸드폰, 정산서, 종이테이프, 볼펜, 줄자, 행거 2개(옷걸이용, 팔린 옷을 걸어두는 용도), 옷걸이 50개 정도, 바지걸이 30개 정도, 전신 거울 등이 필요합니다. 방송할 때 뒷배경은 깔끔한 커튼을 준비하거나 나름대로 감각 있게 세팅하시면 됩니다. 조명은 백색 또는 주광색으로 잡아 주세요. 라이브방송을 할 때 옷은 어떤 것을 입는 게 좋을까요? 최대한 제품이 돋보일 수 있도록 단조롭고 심플한 의상이 좋습니다. 저처럼 옷을 파는 사람이라면 피팅이 용이하도록 몸에 핏이 되는 단색, 칼라가 있는 옷보다는 옷의 핏을 살릴 수 있는 라운드넥으로 착용하는 걸 권합니다.

라이브방송 시 필수 고지사항

제가 옷을 파는 사람이니 옷 판매 위주로 말씀드리겠습니다. 제 경험을 바탕으로 하는 게 가장 진실하고 가장 정확하기 때문입니다. 옷 판매 라이브방송이라면 피팅으로 진행 시 모델의 키와 몸무게, 사이즈 등을 고려해야 합니다. 마네킹에 입히거나 일반 폴 행거에 고정 후에 설명을 할 때

가슴둘레, 총장, 허리둘레 등은 필수적으로 알려줘야 합니다. 사이즈를 설명해야 고객이 자기 몸에 맞는 걸 쉽게 찾을 수 있습니다. 이후 색상과 소재, 옷의 장점, 특징을 알려줍니다. 특히 판매하는 옷이 좋은 이유를 소개해야 합니다. 자신이 파는 제품의 장점을 소개하지 않고 넘어가는 방송은 고객에 대한 배신이고 무례한 일입니다. 제품을 소개할 때, 특히 옷의 경우는 러블리한, 에스닉한, 고급스러운, 귀여운, 깜찍한 등의 수식어를 사용하면 좋습니다. 너무 예쁘다, 와우~, 대박, 와! 등 공감을 이끌어내는 추임새도 적절히 사용하는 게 좋습니다. 옷을 구매하려는 소비자 입장에서 상상하게 만들어야 합니다. 예를 들면 "이 옷은 사진발이 정말 잘 받는 옷이에요."라고 한다거나 카페에 갈 때, 카페거리를 걸을 때 등 특정 장소를 지명하며 상황이나 스토리를 결합하는 것도 좋습니다. 시중 가격대와 비교하며 비싼 경우는 옷의 가치를 적극적으로 부각하고 그보다 가격이 낮은 경우에는 가격을 부각하면 됩니다. 소비자가 좋은 가격에 정말 잘 샀다는 생각이 들 수 있는 멘트를 덧붙이는 것도 요령입니다.

라이브방송의 진행 순서는 밴드 접속 → 글쓰기 → 라이브방송 → 옷소개 → 판매 순입니다. 판매 후 옷걸이에 닉네임+가격 붙이기 → 정산서 쓰기 순서로 반복해서 진행하면 됩니다. 한 사람이 중복 구매 시 밤톨 8000, 15000 등을 날려 주세요. 라이브방송이 끝난 뒤에는 최종 합산 정산서를 보내면 됩니다. 정산서를 보낼 때 유의사항은 판매된 제품을 닉네임별로 사진을 찍어서 채팅창에 넣어주어야 한다는 것입니다. (사진을 찍어 보내야 추후 혼선이 없습니다.) 정산서에는 배송 시 주의사항, 입금 시기, 계좌번호 등을 기재하면 됩니다. 비대면으로 진행되는 채팅 상담이기에 '^^', 'ㅠㅠ' 등 친근함과 자신의 감정 상태가 최대한 드러날 수 있는 기호를 사용하는 것도 판매 기술입니다.

예 죄송합니다. → 죄송합니다.ㅠㅠ

예 감사합니다. → 감사합니다^^*

정산서 발행이 끝난 후에는 택배 포장을 시작합니다. 준비사항은 다음과 같습니다.

☞ 준비사항: 택배사 계약의 경우 집 앞 편의점에 오는 기사님이나 집에 수거를 오는 기사님께 문의(보통 2,500~3,000 계약)

☞ 준비물: 택배 봉투(규격별로 주문), 박스테이프, 매직

☞ 택배 봉투: 20 × 30, 30 × 40, 40 × 50, 60 × 60

☞ 속포장지: 같은 규격 주문

깔끔한 포장을 위해 속포장지를 추천합니다. 구매 후 보관 시 구매자의 닉네임과 날짜를 적은 후 보관하세요. 배송 시 보관했던 속포장 상태로 택배 봉투에 넣어 배송하면 됩니다.

☞ 송장 출력 → 발송

LESSON 8

라빛사가 말해주는
라이브방송 잘하는 방법

'라빛사가 무슨 뜻인지 잘 모르시겠죠? 라빛사의 뜻은 라이브를 빛내는 사람들입니다. 그렇다면 라이브를 빛내기 위해서는 가장 먼저 무엇이 필요할까요? 자기 스스로가 먼저 빛나야 합니다. 내가 먼저 빛이 나야 내가 가지고 있는 제품, 그리고 내가 하고 있는 방송이 빛날 수 있습니다. 처음 하려면 어려울 수밖에 없습니다. 내가 이런 일을 할 수 있는 사람일까? 걱정도 될 수 있습니다. 내가 지금 소개하고 있는 이 옷에 대해 자신이 없다고 느껴지기도 합니다.

그런데 여러분 가장 중요한 건 내가 나를 믿어 주는 겁니다. 그게 가장 중요합니다. 우리가 가장 먼저 바라보는 게 링라이트입니다. 그 링라이트처럼 우리 자신도 빛나는 존재입니다. 링라이트 불빛을 보면서 나도 저만큼 빛나는 사람이라는 그 자신감을 가지고 시작하는 게 굉장히 중요합니다. 그래서 첫 번째는 나 자신을 먼저 빛내기입니다. 그래서 사실 라빛사보다는 자빛사가 맞습니다. 우리는 라이브를 빛내는 사람들이기도 하지만 자신을 빛내는 사람들이기도 합니다.

자, 그러면 자신을 빛낼 수 있는 그리고 자신감을 가질 수 있도록 나 자신을 믿을 수 있는 방법은 뭐가 있을까요? 그것은 내가 나를 전문가로 인정해 주는 겁니다. 내가 이 옷을 들고 판매를 하는데 아, 이 옷이 팔릴까? 안 팔릴까? 마음에 들까? 안 들까? 이런 것들을 하나하나 고민하고 불안해하면 나를 바라보고 있는 고객들도 같이 불안을 느낄 수밖에 없습니다. 그래서 나의 모습이 전문가답지 않다고 느낄 수 있습니다. 그러나 여러분, 여러분은 전문가입니다. 이미 라이브를 시작했고, 하고 있으니까요. 전문가답게 당당하면 됩니다.

나 스스로 빛이 날 때 어떤 일이 생길까요? 그 순간부터 내가 들고 있는 옷도 빛이 납니다. 그리고 내가 진행하는 라이브에서도 빛이 납니다. 어떻게 하면 조금 더 나를 믿고 조금 더 전문가로 보일 수 있을까? 그러기 위해 우리가 가져야 할 것은 무엇일까? 스스로에게 자신감 있는 사람이 되어야 합니다. 내 옷에 대해서 자신감 있는 사람, 카메라 앞에 섰을 때만큼은 '나는 세상 누구보다 빛나는 사람이야. 나는 세상 누구보다 전문가야. 어떤 사람보다 전문가야.'라고 생각해야 합니다.

똑같은 옷을 다른 사람이 소개할 때보다 그 옷이 내 손에 들려 있을 때, 그 옷이 더 빛날 수 있게 만드는 사람이 되어야 합니다. 그러기 위해선 카메라 앞에 서기 전에 이 주문을 반드시 외우세요. '나는 스스로 빛나는 사람, 나는 멋진 사람, 나는 세상에서 가장 옷을 잘 파는 사람, 나는 세상에서 가장 좋은 옷을 잘 고르는 사람, 나는 세상에서 가장 예쁜 옷을 잘 고르는 사람, 나는 세상에서 가장 예쁜 옷을 잘 설명하는 사람, 나는 세상에서 가장 예쁜 옷을 잘 파는 사람." 이게 굉장히 중요합니다.

분명 내 기준으로 정말 옷이 괜찮아서 가지고 왔는데 막상 가지고 와 보니 잘한 건가? 아닌 건가? 팔리는 건가? 안 팔리는 건가? 그 고민에 계속 사로잡혀 있습니다. 왜 그런 고민을 할까요? 가장 큰 이유는 자신감이 없어서입니다. 내가 선택해온 옷을 믿지 못하고 나를 바라보는 내 고객들을 믿지 못하면 아무것도 할 수 없습니다. 그래서 가장 중요한 것은 나 자신이 빛나는 사람이 되는 것, 내가 나를 믿어주면 됩니다. 나만 바꾸면 됩니다.

카메라 앞을 볼 때, 링라이트에 불이 켜질 때, 그때 주문을 거세요. "난 세상에서 가장 빛나는 사람, 난 세상에서 가장 예쁜 사람, 내가 이 세상에서 가장 잘나가는 사람." 이렇게 주문을 거세요. 링라이트 앞에서 절대로 주눅 들지 말고 주춤하지 마세요. 물론, 저도 그랬습니다. 누구나 그럴 수 있습니다. 그런데 여러분, 우리가 정말 큰 무대에서 쇼 진행을 하는 건 아니지만 우리의 세계에서 우리는 가장 큰 쇼를 진행하고 있는 사람들입니다. 홈쇼핑을 보고 있는데 쇼호스트가 "음… 이건, 어 글쎄요? 잘 모르겠는… 음… 일단은 괜찮은 거 같아요." 이렇게 진행을 했다고 생각해보세요. 사람들이 과연 그 쇼에서 물건을 살까요?

쇼호스트 하시는 분들은 정말 당당하고 멋집니다. 그런데 우리가 그분들보다 당당하지 않을 이유가 없습니다. 여러분, 당당하셔도 됩니다. 여러분은 이미 다 갖고 계십니다. 단 하나, 자신을 빛내는 법을 아직 모를 뿐

입니다. 어쩌면 이 책에서 가장 중요한 이야기일 수도 있습니다. "자신을 빛내는 사람이 되자." 그러기 위해서 중요한 건 뭐다? '자신을 믿는 사람이 되자'입니다. 자신을 믿기 위해서는 스스로가 납득할 수 있는 사람이 되어야 합니다. 여러분은 전문가입니다. 스스로를 전문가가 아니라고 인정하기 때문에 사람들 앞에서 주눅 들거나 당황하는 것입니다. 그러나 저도 그렇고 여러분도 그렇고 우리는 모두 전문가입니다. 본인이 전문가라는 사실을 스스로에게 납득시켜주세요. 이 책을 본 이후 링라이트에 불이 켜지는 순간, '나는 전문가다, 나는 전문가다.' 이 사실을 잊지 말아주시기 바랍니다.

오프라인 가게 사장님은
밴드 라이브방송이 필수

요즘 코로나 때문에 많이 힘드시죠? 특히 동네 조그만 가게를 운영하는 소상공인들은 더 힘드실 겁니다. 3단계니, 4단계니 하는 소리만 들어도 가슴이 철렁 내려앉습니다. 도대체 언제 영업을 하고 돈을 벌라고 하는지 가슴이 답답합니다. 나라에서 돈을 지원해 준다고는 하지만 몇 달 장사를 못 한 사람 입장에서는 그 돈이 전부 임대료나 직원 월급으로 나갑니다. 언제 풍족한 돈을 집에 가져다줄 수 있고, 언제 가족들의 행복한 웃음소리가 커질까요? 그러나 한숨만 쉰다고 세상이 나아지지 않습니다. 한숨 대신 속는 셈 치고 이 책을 읽으시면 됩니다. 터널 끝에 작은 희망의 빛을 선물해 드리겠습니다.

저도 한때 너무 가난해서 피눈물을 흘렸던 소상공인입니다. 그러나 이제는 전문가로 세상 사람들에게 제가 가진 제품을 당당하게 파는 파워셀러가 되었습니다. 그 놀라운 변신의 원천이 바로 밴드입니다. 저는 네이버에서 단 한 푼도 돈을 받지 않습니다. 그러나 이렇게 공을 들여 소상공인들의 희망이 되도록 글을 쓰고 책을 냅니다. 이렇게 하는 이유는 바로 네이버밴드에 소상공인들이 반전의 매출을 올릴 희망이 있고, 그 희망을 구체적으로 실천할 수 있는 무기가 바로 밴드 라이브방송이기 때문입니다. 옷가게를 하든, 고깃집을 하든, 음식점을 하든 가게를 하는 사장님들이라면 이 책을 꼭 보고 제가 했던 방식을 그대로 해 보시길 바랍니다. 분명 희망의 에너지가 찾아올 겁니다.

가게를 한다는 건 일단 손님이 와야 합니다. 그런데 기존에 오던 손님들마저 코로나19로 발길이 뚝 끊겼습니다. 그런데 기존 방식을 고집하며 기존 손님들만 기다리면 안 됩니다. 생각을 바꾸고 방법을 바꿔야 합니다. 라이브방송이 새로운 방법이 될 수 있습니다. 방송이 처음에는 어색할 겁니다. 그러나 처음부터 잘하는 사람은 없습니다. 자꾸 하면 늘고, 그렇게 반복되면 전문가가 됩니다. 전문가가 별건가요? 그리고 돈을 벌어야 하는 절체절명의 상황에서 부끄럽고 창피한 게 뭐가 문제인가요? 내가 가진 생선이 너무 싱싱하고 맛있습니다. 그러면 그걸 다른 동네 사람들에게도 알려서 직접 전화를 걸고 주문하게 하세요. 그러려면 그분들에게 방송으로 다가가야 합니다.

여러분들이 홈쇼핑에서 큰돈 들여 방송을 하기는 힘듭니다. 그런데 네이버밴드 라이브방송은 자기만의 제품을 가지고 있는 소상공인이라면 누구나 할 수 있습니다. 장비 걱정, 돈 걱정, 기술 걱정도 할 필요가 없습니다. 큰돈 안 듭니다. 큰 기술도 필요하지 않습니다. 딱 하나 내 제품에 대한 애정과 자신감만 있으면 됩니다. 네이버밴드 라이브방송은 '리얼 소상공인 방송'이라고도 합니다. 영업 제한 시간과도 상관이 없습니다. 방송만할 수 있다면, 방송을 하려는 의지만 있다면 24시간 언제나 가능합니다. 이런 라이브방송의 위력을 느끼신 소상공인 사장님들이 라이브 커머스를 전문으로 하는 플랫폼 업체에서 장사를 시작하면서 거래액도 작년보다 30배 이상 증가했다는 통계도 나왔습니다. 여러분들도 이 흐름에서 절대 뒤처지지 않기를 바랍니다.

네이버 라이브방송은 홈쇼핑처럼 멋진 쇼호스트가 방송을 하는 게 아닙니다. 그래서 조금 어색하고 투박하지만 그게 또 진솔한 삶의 현장이라 공감을 얻습니다. 콧대 높은 유명 맛집들도 이제 '집밥족'의 증가로 인터넷 쇼핑몰을 속속 오픈하고 있으며 라이브방송을 통해 전국적으로 손님을 끌어모으고 있습니다. 코로나19의 장기화는 오프라인보다 온라인을 활용하도록 시대 분위기를 조성하고 있습니다. 앉아서 고객을 기다리기보다 직접 고객을 찾아가는 방식으로 바뀌고 있습니다. 여러분도 오늘부터 이 방법을 직접 써먹어 보십시오. 코로나19 이전보다 더 높은 매출을 경험하실 수 있습니다. 라이브방송으로 손님을 끌어모으는 방법, 저 미미만 따라오시면 됩니다. 이 책에 집중하시면 됩니다.

BAND

PART 3

방구석 창업,
밴드에 길이 있다

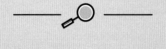

요즘은 참 장사하기 힘든 시기입니다. 그러나 언제나 그렇듯 남들이 힘들다고 하는 그곳에 새로운 길이 나옵니다. 위기와 기회는 동전의 앞뒷면입니다. 죽을 각오, 절박함만 있다면 핸드폰 하나로 월 1,000만 원 쉽게 벌 수 있습니다. 이 책은 해 보지도 않고 가르치는 책이 아니라 직접 온몸으로 겪어본 후 그 체험을 공유하고 돈 벌기 쉬운 방향을 가리키는 책입니다. 아이템 선정부터 멘탈 트레이닝까지 밴드로, 핸드폰으로 코로나19를 넘어서는 방법도 이 책에 있습니다.

창업 아이템 선정,
왜 구제의류였을까?

제 친척 여동생 이야기를 다시 하려고 합니다. 앞에서 언급했지만 그 여동생은 프랜차이즈 창업을 했습니다. 텔레비전에 자주 나오는 유명 연예인이 운영하는 프랜차이즈였습니다. 창업비용으로 가맹비와 인테리어 집기등 총 1억이 넘는 돈이 들었지만 본사에서 무려 70%나 대출을 해 준다는소리에 여동생은 어려운 상황이었지만 본인 부담금 3천만 원을 힘들게 만들어 창업을 했습니다. 그렇게 몇 달이 지났을까? 그 여동생으로부터 연락이 왔습니다. 내일이 발주 날인데 물건값이 없다며 급한 대로 100만 원만 빌려 달라고 했습니다. 분명 오픈한 지 얼마 지나지 않았을 때라 오픈발이라는 것도 있을 것이고, 사람들 이야기로는 장사도 꽤 잘된다고 들었는데, 돈을 빌려 달라니 아무리 생각해도 이해가 되지 않았습니다.

이유를 물어 보니 창업하고 한 달 뒤부터 마이너스가 500씩 나고 있다고 했습니다. 매장 매출이 100만 원이 나오면 그 가맹점의 경우 30%가 점

주의 몫이었는데 그걸로 매장 월세에 운영비에 대출이자를 빼고 나면 계속 마이너스가 나는 상황이라고 했습니다. 게다가 가맹계약 때문에 마음대로 매장을 그만두지도 못하는 상황이라고 했습니다. 프랜차이즈 창업을 시작하기 전 그 여동생은 예쁜옷쟁이 매장에서 아르바이트를 했었습니다. 젊고 예뻤던 그 아이는 긍정적인 성격에 웃음도 많아 장사를 아주 잘했습니다. 프랜차이즈 창업을 하기 전 차라리 구제의류로 창업을 하라고 여러 차례 권했지만 결국 큰돈을 들여 대형 프랜차이즈 창업을 선택했고 결과는 지금도 마이너스를 메꾸며 가게를 유지 중입니다.

오히려 그 여동생의 언니가 내게 창업을 의뢰해 열심히 자신의 매장과 온라인몰을 운영해 나가고 있습니다. 그 여동생 언니가 창업비용으로 쓴 돈은 고작 첫 사입비 50만 원이 전부였고, 시간이 좀 지나 보증금 300만 원에 월세 20만 원짜리 가게를 얻었습니다. 창업비용 1억과 50만 원이라는 엄청난 차이에도 불구하고 현재 그 여동생의 언니는 남편의 벌이를 능가할 만큼 돈을 벌고 있습니다. 이제는 도매까지 시작해 큰 창고를 냈을 만큼 사업을 키워나가고 있죠. 이 자매의 사례만 봐도 왜 구제의류를 해야 하는지가 명확해집니다.

또 다른 지인의 경우에는 유명한 해외 대형 프랜차이즈를 운영하고 있습니다. 그분의 경우 3억 이상을 투자했으며, 인건비, 로열티 등 이것저것 모두 빼고 월 순수익이 300정도 된다고 합니다. 3억을 투자해서 고작 300만 원이라니, 얼핏 보기에 정말 적은 수익률이라고 생각할지 모르지만 그 지인의 경우 3억을 은행에 넣어봤자 그 정도의 이자가 나오는 것이 아니라서 남는 돈의 투자 개념으로 매장을 운영하고 있었습니다. 심지어 본인의 노동력은 하나도 들어가지 않는 완벽한 시스템이며 인쇄소득을 안겨 주는 매장이었습니다.

자금이 있다면 어차피 남는 돈 어딘가에 투자해 수익을 내고 싶은 게 당연한 일일 겁니다. 저 같은 아줌마는 어차피 남는 시간을 투자해서 가정경제에 보탬이 되고 싶은 게 당연지사입니다. 그래서 저를 비롯하여 주변 많은 지인들이 소자본 창업을 시작합니다. 집에서 아이를 돌보는 우리의 유일한 취미는 매일 맘카페에 들어가 일과를 공유하고 남편의 이모저모를 일러바치며 다른 집 남편과 시댁의 만행에 분노의 댓글을 적는 일이었습니다. 그러다 보니 자연히 남의 집 아이 돌잔치며 백일사진을 보게 되고 어느 집이 잘하더라, 어디가 맛있더라는 기본이고 심지어 돌상, 백일상을 집에서 하는 엄마들까지 등장했습니다. 그렇게 해서 돌상, 백일상을 직접 제작해서 대여해 주는 일까지 하게 되고 돌복과 아이들 한복 등 의상을 대여해 주는 엄마들도 생겨났습니다.

저의 지인 중에는 손재주가 좋아 창업을 한 분도 있습니다. 초기 창업 비용은 200~300만 원 정도, 야심 차게 세트를 제작하고 예쁜 소품들도 준비했습니다. 우리는 창업을 축하하며 열심히 맘카페에 글을 써 홍보를 해 주었고 얼마 지나지 않아 한 건씩 가끔이지만 행사가 들어왔습니다. 하지만 우리의 포부와는 다르게 한번 행사에 사용된 소품들은 온전한 게 없을 만큼 훼손이 되었고, 행사를 다녀올수록 다시 사야 하는 소품들도 늘어났습니다. 거기에 이미 선점한 업체에서 인지도를 높여 둔 탓에 소규모 개

〈2016년 첫 매장 사진〉

인 창업자들은 낄 틈도 없이 점점 시장은 대형화되어 갔습니다. 결국 지인은 창업 몇 달 만에 소품들을 쓰레기통에 넣어야 했습니다. 이후에도 비슷한 소자본으로 돌드레스, 돌사진, 돌상, 수제품 등 많은 분야에 여러 지인들이 도전했지만 6개월 이상 지속된 사업은 없었습니다. 우린 그렇게 그냥 동.남.아(동네 남아도는 아줌마)였고, 우리가 할 수 있는 일들은 한정적이었으며 우리가 창업을 위해 쓸 수 있는 돈도 한정적이었습니다. 물론 남편이 돈을 잘 벌던 지인이야 자금으로 대형 프랜차이즈 시스템을 사서 돌렸으니 우리와는 다른 부류였지만, 그 당시 저에겐 돈도, 돈을 잘 버는 남편도 없었습니다. 그런 제가 지금 이렇게 월 천만 원을 번다며 책을 쓰고 있습니다. 이 한 가지만 봐도 왜 구제의류여야 하는지 답이 되지 않을까요?

구제의류
정말 돈이 될까?

〈동대문 구제의류 도매처〉

잘 아는 부부 이야기를 할까 합니다. 남편분은 손에 장애를 입어 의수를
끼셨고, 아내분 역시 몸이 좋지 않으신 부부입니다. 보통 한쪽 손을 못 쓰
시는 분의 경우, 한 달 급여가 얼마나 될까요? 사지 멀쩡한 저도 구제의류

를 시작하기 전 150을 벌기 힘들었습니다. 아무리 남자라도 한쪽 손만으로 할 수 있는 일은 대한민국 땅에 그리 많지 않습니다. 그런데 이 부부는 둘이 합쳐 한 달에 천만 원을 법니다.

이들의 직업은 구제의류 장사, 그러나 예쁜 옷 예쁜 소품을 파는 것이 아닌 공사장 인부들을 상대로 작업복을 팝니다. 봉고차 한 대에 청바지, 카고바지 등 일하기 편한 작업복과 자주 교체가 필요한 장갑 등을 싣고 함께 장사를 합니다. 남편분은 아내분을 짐과 함께 내려두고, 부부는 각각 다른 곳에서 장사를 합니다. 근무시간은 새벽 4시부터 9시까지이며 인부들이 모두 출근한 뒤에는 철수를 합니다. 물론 오후에도 공사장을 돌며 장사를 하는데 이렇게 벌어들이는 수입이 한 달에 천만 원이 넘습니다.

여기서 가장 중요한 핵심은 작업복의 원가인데 오천 원, 만 원 하는 작업복의 원가는 상상하는 그 한참 아래의 가격이기에 이분들의 마진율은 10배가 넘었습니다. 물론 지금이야 예전에 비해 원가가 많이 올라 그때만큼의 마진율이 나오지 않겠지만, 구제의류는 다양한 분야의 사람들이 다양한 방법으로 돈을 벌 수 있는 아이템인 건 사실입니다. 이렇게 소규모 자영업을 하시는 분들 외에 또 어디서 돈을 벌 수 있을까요? 구제의류로 연 10억을 버는 사람이 있다면? '에이, 설마 그깟 버려진 옷으로 어떻게 연 10억을 벌어? 구제의류로 연 100억을 버는 사람이 있다면? 에이 설마 한 달에 100만 원 벌기도 힘들겠네.' 어쩌면 이런 생각들이 당연한지도 모릅니다. 남이 입다 버린 옷, 어디서 온 건지 알 수 없는 옷, 그런 옷으로 어떻게 연 10억을 벌고, 100억을 벌까요? 그러나 이것은 분명한 사실이고 이미 많은 사람들이 구제의류라는 찌끄레기 시장에서 큰돈을 벌고 있습니다.

저는 늘 구제의류 시장을 찌끄레기 시장이라고 부르곤 했습니다. 커다란 파이를 대형 기업들이 모두 나눠 먹는 가운데 그들이 거들떠도 보지 않는 부스러기 시장이 구제의류라고 늘 말했습니다. 하지만 더 이상 구제의류도 찌끄레기 시장이라고 불릴 수 없을 만큼 큰 회사들이 많이 생겨나고 거대한 자금이 투입되기 시작했습니다. 처음 구제의류를 시작했던 10년 전만 해도 사람들은 구제의류라는 말만 들어도 왜 그런 걸 가져다 파는지 내게 묻곤 했습니다. 인식이 워낙 좋지 않아 정말 바닥까지 간 사람들이나 입고 파는 그런 옷 취급을 받았습니다. 물론 저 역시 바닥에서 구제의류를 만났지만, 그런 시선을 받는 일이 쉽지만은 않았습니다.

10년이 지난 지금, 구제의류 시장과 사람들의 인식은 어떻게 변화되었을까요? 땅덩어리 작은 대한민국, 그 대한민국 한가운데 박힌 노른자 금싸라기 땅 강남, 그 강남에서도 자릿세 비싸기로 둘째가라면 서러울 강남역 역세권, 그것도 강남역 바로 앞에 구제의류 매장이 들어섰습니다. 그것도 아주 크게, 그게 어떻게 가능했을까요? 콧대 높은 강남 사람들이 남이 입던 옷을 입는다고? 어떻게 그런 일이 일어날 수 있을까? 누가 봐도 믿지 못할 상황, 그런 상황들이 지금 강남뿐만 아니라 잘나가는 수도권의 특급 역세권에서 이루어지고 있습니다. 저 역시도 월세 3,000만 원짜리 지하철역 매장을 운영해 봤지만 그들의 규모는 상상 이상입니다. 강남역, 역삼역, 고속버스터미널 등 비싸기로 소문난 지하철 역세권에 대형 빈티지 매장이 들어섰습니다. 그것도 개인이 운영하는 매장이 아닌 하나의 브랜드가 여러 곳에 직영점을 내는 형식으로 오픈 중입니다.

그들은 막강한 자본력으로 돈이 되는 자리를 구하고 일본, 유럽에서 어마어마한 양의 빈티지 의류들을 수입합니다. 왜 그들은 돈이 되지 않는 구제의류에 그 많은 돈을 쏟아부을까요? 도대체 강남역 한복판의 그 커다란 빈티지 매장에서는 어떤 옷을 파는 것일까요? 결론은, 자본가들은 결코 돈이 되지 않는 일에 투자하지 않는다는 것입니다. 또한 프랜차이즈가 아닌 직영점을 운영할 정도로 그들은 그 사업에 독점권을 갖고 싶어 합니다. 왜? 돈이 되니까요. 물류로 구제의류가 수입될 때는 대부분 무게를 측정해 금액을 산정합니다. 그렇게 수입된 옷들은 브랜드에 따라, 소재에 따라 금액이 나뉘게 되는데 소위 말하는 명품의류들은 붙여 놓는 게 가격일 만큼 마진율이 좋습니다. 좋은 정도를 떠나 늘 20~30%의 순익을 보던 사업가들의 눈에는 종류에 따라 1000%까지 마진이 나오는 이 어마어마한 사업에 투자하는 것은 당연한 일입니다.

이제 구제의류는 남이 입던 옷이라는 인식이 사라진 지 오래고 10대들 사이에서도 올드스쿨이네, 아미카제네 하며 낡고 낡아 입지도 못할 것 같은 옷들이 고가에 팔리고 있습니다. 20대 젊은 여성들 사이에서도 레트로 열풍이 불며 어깨에 뽕이 과하게 들어가고 색색의 꽃이 만발한 오리지널 빈티지 의류들이 고가에 팔리고 있습니다. 그뿐만 아니라 텔레비전에 나오는 연예인들까지 동묘며, 광장시장을 찾아다니며 스스로가 빈티지 마니아임을 자랑스럽게 말하는 그런 시대가 됐습니다. 그렇기에 구제의류 시장은 앞으로도 계속 커져 나갈 듯합니다.

물론 누구도 신경 쓰지 않던 빈티지 시장이 갑자기 미디어에 노출이 되고 알려지면서 어두운 곳에 가려져 잘 알려지지 않았던 구제의류 도매처들이 속속들이 세상 밖으로 탈출을 해 소매업을 하시는 사장님들이 식은 땀을 흘리는 경우도 있습니다. 연예인들이 구제시장 가서 체험기를 유튜브에 담는 일이야 이제는 일상이 되어 버렸지만, 그 일상에 불을 지른 장본인인 모델 배정남 씨가 옷을 샀던 바로 그곳, 그를 무명에서 일약 스타덤에 오르게 했던 그 문제의 장소, 그곳은 그 방송 하나로 떼돈을 벌어 건물 인테리어를 바꾸고 이전까지 했지만, 그곳을 주 거래처로 삼았던 소매 사장님들은 그 영상을 보자마자 심쿵하지 않았을까요? 물론 10년 전 처음 구제의류를 시작할 때 저 역시 가장 노출이 많이 되었던 그곳에 들러 옷을 해오곤 했지만, 10년이 지난 지금 많은 것을 알아버린 저에게는 그다지 가치 있는 사입처는 아닙니다.

어쨌든 구제시장은 점점 더 세상 밖으로 모습을 드러내고 있고, 돈 냄새를 맡은 자본가들도 돈을 투자하기 시작했습니다. 그렇다면 이렇게 자금력으로 밀고 들어오는 사업장만 돈맛을 볼까요? 또 그렇지도 않은 것이 구제의류는 늘 부스러기 시장이기에 우리가 가져갈 것들은 언제든 지천에 깔려 있습니다. 10대 청소년들은 동묘에서 옷을 떼다 본인들이 쇼핑몰을 론칭해 대박을 터트리기도 하고, 쇼핑몰이 아닌 커뮤니티 채널을 통해 구제의류를 팔기도 합니다. 20대 여성들도 각종 오픈마켓을 통해 자신의 소장품, 또는 사입해 온 제품을 팔기도 하고, 심지어 국제결혼을 한 필리핀 베트남 엄마들까지 페이스북을 통해 구제의류로 돈을 벌고 있습니다.

언젠가부터 젊은 층에서 수입 빈티지 바람이 불고, 어린 친구들이 관심을 보이며 구제시장도 점점 더 다양한 방법으로 성장해가고 있습니다. 10, 20대 젊은 층의 구제의류 수요가 많아지면서 각종 커뮤니티에 사진을 찍어 옷을 파는가 하면 페이스북, 인스타그램, 블로그는 물론이고 밴드까지 구제의류 라이브방송이 빠르게 늘고 있습니다. 물론 10대뿐만 아니라 20대, 50~60대까지 다양한 연령층이 다양한 채널에서 라이브로 판매를 하고 있습니다. 구제의류는 돈 한 푼 없는 상황에서도 나를 사장으로 만들어주는 훌륭한 아이템입니다. 지금 당장 안 입는 옷, 신발, 가방 등을 꺼내 당근마켓에 올려보세요. 헬로마켓도 좋고, 활동하는 커뮤니티 카페의 벼룩시장도 좋습니다. 그 물건이 팔리는 순간, 당신은 이제 사장입니다. 세상에 이렇게 쉽게 사장이 되고, 이렇게 쉽게 돈을 벌 수 있는 사업이 또 있을까요?

20대 초보 엄마의
초보 창업

지금 생각해도 눈물이 납니다. 세 살 된 아이와 지금은 나오지도 않는 비스토 차량 앞자리에 앉아 누가 볼까 창피해하던 한 아줌마가 있었습니다. 옷가지로 앞 유리를 막은 채 지나다니는 사람 중 누군가는 저기 돗자리에 내동댕이쳐지듯 깔려 있는 옷가지들을 사 주지는 않을까 하고 창밖만 내다보고 있던 그 아줌마가 바로 저입니다. 길 가던 아주머니 한 분이 낡아 빠진 내복 한 벌을 집어 들고 얼마냐고 물어주셨을 때, 기쁨보다는 부끄러움에 눈시울이 붉어졌습니다.

"날도 찬데 아이 데리고 얼른 들어가요."

천 원짜리 한 장을 손에 쥐고 아이와 함께 집에 돌아오는 길, 세상 살며 울 눈물을 그날 다 써 버린 것 같았습니다. 어디서부터 꼬인 건지, 내 인생이 어쩌다 이렇게 된 건지, 왜 저 찬 바닥에 돗자리를 깔고 말도 안 되는 옷들을 깔아 두고 있는 건지, 아무것도 모르는 아이에게 미안한 것도 잊고 그냥 그렇게 울어버렸습니다.

처음 시작은 너무나 행복했습니다. 나만의 매장이 생겼고, 돈을 벌 수 있다는 희망으로 설레었습니다. 일주일에 서너 번씩 동대문에 갔습니다. 밤 11시에 출발해서 신나게 한 바퀴를 돌고 나면 새벽 4시, 그렇게 양어깨가 내려 앉을 만큼 무거운 검정 대봉을 둘러메고, 그래도 신이 나서 버스에 올라탔습니다. 아침이 되어서야 매장에 도착했지만 잠 잘 생각도 없이 가져온 옷들을 다리고 진열했습니다. 육체는 지옥같이 힘들었지만 마음만은 늘 천국에 있었습니다. 천국 갔던 마음이 지옥으로 바뀌는 데는 불과 몇 달이 걸리지 않았습니다.

〈교육 및 사입 과정〉

매장 문을 열고 얼마 지나지 않아 카드로 대출을 받기 시작했습니다. 이상했습니다. 분명 돈을 벌고 있고 일을 하고 있는데, 자꾸만 돈이 사라졌습니다. 오늘 분명 물건을 해왔고, 잘 팔렸습니다. 그런데 3일 뒤 사입을 가려면 돈이 없었습니다. 동대문 밤 시장에서 17,000원에 가디건을 깔별로 구매했습니다. 매장에 와서 35,000원 가격표를 붙였습니다. 신상이라 반응이 좋았습니다. 그렇게 한두 장이 팔리고 나머지는 일주일이 지나도 팔리지 않았습니다. 그래서 35,000원에서 25,000원으로 가격을 내리고 다시 15,000원으로 가격을 내립니다. 결국 첫날 팔린 몇 장을 제외하고는 원가도 안 되는 가격에 땡처리를 했습니다.

　모든 옷들이 같은 패턴의 반복이었습니다. 옷 장사를 해 본 적도 없었고, 옷가게에서 일해 본 적도 없었습니다. 그저 옷이 좋았고 사람이 좋아 시작했습니다. 그렇게 나의 첫 장사는 쫄딱 망했습니다. 하지만 여기서 포기할 수 없었습니다. 신상보다 단가가 싼 덤핑의류에 손을 댔습니다. 지금은 광고를 하도 많이 해서 알 만한 사람은 다 아는 도매사이트지만 당시에는 정말 장사하는 사람들만 아는 도매사이트가 있었습니다. 그곳에서 덤핑의류를 주문했습니다. 사진으로 보니 디자인도 색깔도 예뻤습니다. 드디어 도착, 예쁜데다가 가격도 정말 저렴하게 잘 샀다고 생각했습니다. 하지만 즐거움은 거기까지!! 도착한 옷들이 1,000장이 넘었는데 디자인 같은 옷들이 수십 벌씩 들어 있었습니다. 여기저기 뜯어진 옷들은 기본이고, 물들어 있거나 사이즈가 아동복도 안 되는 상품들까지 정말 어떻게 해 볼 수도 없는 옷들이 저에게 왔습니다. 판매처에 문의를 해 봤지만 분명 판매 글에 도매 특성상 반품이 안 된다고 적혀 있었기에 무를 수도 없었습니다. 결국 쓰레기 옷 1,000장은 제 몫이 되었습니다.

창업을 한 후, 매일 해야 했던 말… 저는 포기할 수 없습니다. 나는 절대로, 그 많은 옷들을 불량은 불량대로 걷어내고 행거에 걸었습니다. 매장 앞 도로까지 침범할 정도로 10개도 넘는 행거에 그 옷들을 걸고 1,000원씩 팔았습니다. 다시 도전, 또다시 도매사이트를 뒤졌습니다. 이번엔 양말입니다. 수출용 양말에 질도 아주 좋았습니다. 이번에는 실패하지 않겠지, 판매자에게 입금을 하고 양말이 왔습니다. 카키와 겨자 딱 두 가지 색의 양말 1,000장 모두 신생아용이었습니다. 어떻게든 팔아보려 했지만 사이즈가 너무 작았습니다. 어린이보험을 하는 친구에게 태아보험 상담용으로 쓰라며 주려고 했지만 그마저도 거절당했습니다. 당했다는 분노보다 팔지 못한 양말이 아까워 집을 세 번이나 이사하는 동안 그것들을 들고 다녔습니다. 언젠가는 팔겠다는 일념으로, 하지만 정확히 5년이 지난 어느 날 그 양말들을 재활용에 넣었습니다.

덤핑의류에서 실패하고 더 이상 남은 돈은 없었습니다. 그래도 계약 기간이 남은 매장을 정리할 수는 없었습니다. 또다시 도전, 이번에는 구제의류입니다. 역시나 지난번의 도매사이트에 접속했습니다. 일본 수입빈티지, 아동짝이라며 알록달록한 아이 옷 사진들을 함께 올린 판매자가 눈에 띄었습니다. 그 당시 맘카페에서도 일본이나 유럽 쪽 아동복이 고가에 팔리고 있던 때라 이번이 정말 신이 주신 기회라는 생각이 들었습니다. 다른 사람이 먼저 가져갈까 싶어 빠르게 입금을 하고, 택배를 기다린 며칠 뒤, 드디어 기다리던 택배가 왔습니다.

일본 사람들이 얼마나 검소한지 그때 몸소 체험했습니다. 덧대 입고,

꿰매 입어 정말 성한 옷이 없었습니다. 보풀은 기본이고, 어느 것 하나 멀쩡한 옷이 없었습니다. 사이트에서 봤던 알록달록한 옷들이 몇 벌 섞여 있기는 했지만, 그나마 그것들도 죄다 오염이 있어 그냥은 팔 수가 없는 지경이었습니다. '나는 포기하지 않아, 난 포기하지 않아.' 또다시 외쳐봅니다. 압축이 풀려 부피도 커지고 무겁기까지 한 그것들을 몽땅 메고 집으로 갔습니다. 빨고 또 빨고 세탁기를 몇 번 돌리고, 널고, 말리고, 다시 매장으로 가져왔습니다. 멀쩡한 행거들도 다 치우고 바닥에 그것들을 깔고 판매를 시작했습니다. 들어오는 사람마다 왜 이런 걸 파냐고 한마디씩 던졌지만 그래도 포기할 수 없었습니다. 저는 그때나 지금이나 여전히 포기가 싫었습니다. 어떻게 하면 팔 수 있을까? 고민했고 그 답이 노점이었습니다. 그때의 경험으로 무수히 많은 노점을 했고, 신나게 장사를 했지만 나의 첫 노점 장사는 너무나 처참했습니다. 1월 한파에 세 살 아이와 그 좁은 차 안에서 울었던 그때의 나를 떠올리면 지금도 가슴이 아픕니다. 하지만 그런 나였기에 지금 웃고 있는 것은 아닐까 생각해 봅니다. 이런 가슴 아픈 이야기를 꼭 해야 할까 싶었지만 결국 우리는 장사를 해야 하는 사람입니다. 그래서 제 아픈 이야기를 여러분에게 거름이 되라고 전합니다. 네이버밴드라는 무기를 들고 세상에 나가려면 결국 자세, 마음가짐이 중요하기에 이런 피눈물 나는 이야기도 가감 없이 해 드립니다.

10년간의 커리어?!

매장을 정리하고 그냥 그렇게 저는 다시 아줌마로 돌아갔습니다. 마음 같아서는 늘 아이 곁에서 아이와 함께 있어 주고 싶었지만, 움직이지 않으면 돈 한 푼 나오지 않는 상황에서 마냥 아이 곁에 있어 줄 수만은 없었습니다. 제 손에는 늘 벼룩시장이 들려 있었고, 늘 새로운 직장에 면접을 보러 다녔습니다.

아줌마로 전업한 후 저의 첫 직업은 마트 캐셔였습니다. 평소 친하게 지내던 언니가 운영하는 슈퍼라 즐겁게 일할 수 있겠구나 싶어 취직을 했지만 마트 캐셔라는 직업은 제 생각처럼 그렇게 쉬운 일은 아니었습니다. 말하기 좋아하는 제가 손님이랑 이래저래 이야기를 하면 그 집 할머니, 할아버지, 남편까지 저에게 눈치를 주는가 하면, 동네 언니들은 계산을 하며 나에게 알 수 없는 동정의 눈빛을 보내고 가기 일쑤였습니다. 하루 종일 서 있어야 한다거나, 계산을 잘못해서 혼난다거나 그런 것들은 모두 그냥 웃으며 참을 수 있었지만, 전 그때 알았습니다.

'아, 난 정해진 급여가 안 맞는 사람이구나.'

사람들이 보내는 시선이나 그 외 기타 등등은 저에게 아무것도 아니었지만 하루 몇 시간을 일하고 한 달 얼마를 받는다는 그 일정한 수입이 저를 답답하게 만들었습니다. 자격지심일 수도 있겠지만 그 일을 시작하고부터 사람들의 시선도 저를 힘들게 했습니다. 결국 시작한 지 15일 만에 마트 캐셔를 정리하고 제가 일한 만큼 받을 수 있는 일을 다시 찾기 시작했습니다. 하지만 아줌마라는 직분을 잊고 늘 고수익을 좇다 보니 정해진 급여의 보수로 만족할 수 있는 일은 없었습니다. 경력 단절 아줌마에게 원하는 급여를 따박따박 정해서 주는 직장도 없었습니다.

그러던 상황에서 한 줄기 빛으로 다가온 텔레마케터 모집 광고, 기본급 150만 원에 실적대로 인센티브를 주는 곳이었습니다. 드디어 찾았어! 바로 여기야! 광고를 보자마자 면접을 봤고 다음 날부터 출근했습니다. 모든 것이 순조로워 보였습니다. 그런데 이게 웬일? 기본급이 150은 맞지만 정해진 실적이 있었고 그 실적을 채우지 못하면 기본급 150만 원에서 깎이는 구조였습니다. 물론 그 안에서도 200만 원 이상을 받아가는 언니들도 있었지만, 저에게는 한 달 150만 원을 지키는 것도 힘든 일이었습니다. 어떤 언니는 남들보다 더 일하고 80만 원을 받아가기도 했습니다. 급여의 차이야 실력으로 받는 것이니 어떻게든 해 보겠지만 어느 날 콜을 돌리다 날아온 어떤 남자분의 욕설은 핸드폰도 받기 싫을 정도의 트라우마가 되어버렸습니다. 처음 누군가 나에게 욕을 했을 때 너무나 당황스럽고 무서

위 눈물이 났습니다. 하지만 이 일을 오래해 온 분들은 이미 그런 일에 이골이 나 있었고 어떤 언니의 경우는 업무용 핸드폰이라 녹음이 되니 전화번호를 따 놨다가 공중전화로 전화해 똑같이 욕을 한다며 웃음으로 저를 위로해 주었습니다. 그러나 저는 두 번째 욕을 들은 이후 더 이상은 그 일을 할 수가 없었습니다.

　그다음은 정수기 렌탈 영업, 입사를 하고 한 달이 되기 전 우리 집에는 비데와 공기청정기, 정수기, 그 비싼 독일제 전기렌지까지 들어왔습니다. 그것도 모자라 엄마 집 변기에도 비데가 설치되고 더 이상 렌탈비를 감당할 수 없게 되자 비용이 밀리면서 그 직장도 끝이 났습니다. 다음은 카드 판매원, 누구나 상상하는 그런 상황이지만 다행인지 불행인지 남편과 저는 신용불량자라 카드는 만들지도 못하고 친하게 지내던 언니들과 친구들, 친구들의 남편과 엄마, 이모, 사촌들까지 모든 지인 영업이 끝난 뒤 정확히 두 달 후에 그 직업도 종료되었습니다. 정말 끝도 없는 영업사원 릴레이, 제 정체성이 공무원이나 회사원이 아닌 건 알게 되었습니다. 하는 만큼 받는 영업이 체질인 건 알겠는데 도무지 저의 재능을 찾을 수가 없었습니다. 다음은 보험설계사, 이건 말하지 않아도 모두가 아는 상황이니 넘어가고 그다음이 학습지 교사, 그즈음 제가 깨달았던 저의 재능, 저의 성향은 사람을 좋아하고 아이들을 좋아하는 것이었습니다. 하지만 아이들을 좋아해서 시작했던 학습지 교사 역시 학부모들의 잦은 시간 변경과 많은 변수들로 힘들어졌고, 그 일을 시작했다고 말하기도 부끄럽게 막을 내렸습니다.

어쩌면 그 일이 힘든 게 아니라 제가 그 일에 맞지 않는 사람이라는 표현이 맞는 것인지도 모릅니다. 제가 힘들다고 포기했던 그 분야에서도 월 500만 원, 월 천만 원 이상의 수많은 성공자들이 존재하는 걸 보면, 그 직업은 제가 생각했던 것만큼 힘든 일이 아닐 수도 있습니다. 그저 저에게 만 힘든, 아니 저에게는 맞지 않는 일이었습니다. 제가 보낸 10년 중 가장 행복했던 때는 아이들에게 논술을 가르치던 때입니다. 매번 지각을 하고 최저 시급을 받는 덜렁이 학원 강사 생활이었지만 아이들과 함께 웃고,

이야기하고, 나를 통해 변화해가는 아이들의 모습을 보던 그때의 저를 생각하면 지금도 미소가 납니다. 지금은 이렇게 모두를 예쁘게 해주고 변화시켜주는 직업을 찾아내서 하고 있지만, 언젠가 조금 더 시간이 흐른 뒤 진짜 저의 재능을 찾는 날이 온다면, 그건 아마도 아이들을 행복하게 만들어 주는 일이 아닐까 하는 생각이 듭니다. 어쨌든 결국 나의 10년은 적성검사를 하듯, 나의 재능 발굴을 위해 헤매던 시기가 되어 버렸고, 아무것도 안 하는 게 도와주는 거라는 식구들의 판단하에 또다시 주부의 길로 컴백홈 하게 됩니다.

인생의 각본을 바꾸는 방법

한 달 180만 원, 남편은 지금도 한 달에 200만 원을 벌어 왔다고 부득부득 우기지만 분명 제 기억 속의 남편 월급은 180만 원이었습니다. 그마저도 다니던 직장이 문을 닫거나 무언가 맞지 않아 그만둘 때면 한두 달은 실직 상태로 보내야 했습니다. 살면서 남편에게 월급을 받은 게 몇 번이나 될까? 월급도 월급이지만 고생시키지 않겠다며 시작한 개인 사업은 일해 주고 돈을 받지 못하는 일이 부지기수였고, 찔끔찔끔 밀린 돈을 받아 직원 월급을 주고 난 후 만 원짜리 여덟 장을 들고 들어온 날도 있었습니다. 한 달 내리 일하고 가지고 들어오는 돈이 꼴랑 8만 원이라니, 고생을 시키지 않겠다던 약속과는 반대로 남편의 사업 시작과 동시에 집안은 급속도로 안 좋아졌습니다. 물론 가끔 몇백만 원씩 들고 오는 날도 있었지만 그나마 그 돈도 그동안 밀린 공과금을 내고 나면 남는 게 없었습니다. 슈퍼에 갈 때 아이들이 뭐라도 하나 집으면 윽박질러 내려놓게 해야 했고, 당장 먹을 쌀이 없어 늘 엄마에게 신세를 져야 했습니다. 2021년을 앞두고 있는 시점에서 집에 쌀이 떨어지다니… 지금 생각해도 어이가 없지만 그때는 그랬습니다. 참 슬픈 제 흑역사입니다.

그렇게 180만 원이라는 남편의 월급통장이 너무나 답답하게 느껴질 즈음, 뭐라도 하나 해야겠다는 생각이 들기 시작했습니다. 지금 당장 내가 할 수 있는 게 뭘까? 일을 할 수도 없고, 아무것도 할 수 없는 이 상황에서 내가 할 수 있는 게 뭘까? 정말 간절하게 하루에 100원이라도 벌고 싶었습니다. 그때는 정말 180만 원이라는 틀에 갇혀 생각도 정지되고 삶도 마비되어 있을 때라 아무리 머리를 굴려도 머리가 돌아가지 않았습니다. 그 상황을 탈출할 방법이 전혀 생각나지 않았습니다. 예전의 밝고 강했던 나, 포기를 모르던 나, 그런 나의 모습이 아닌 그냥 삶에 찌들 대로 찌들어 뇌까지 쪼그라들었기에 그 어떤 생각도 떠오르지 않았습니다. 오죽하면 하루 100원이 더 벌고 싶었을까요?

그렇게 간절하게 하루에 100원이라도 더 벌고 싶었습니다. 180,100원이라도, 180,200원이라도, 100원짜리 단위라도 바꿔야 살 수 있을 것 같았습니다. '그래, 하루 100원이라도 더 벌자! 뭐든 해서 버는 거야!'라고 생각하는 순간 언니가 오전에 밭에서 따다 준 가지가 생각났습니다. '아, 맞다! 언니가 낮에 가지를 따다 줬어, 가지를 사려면 500원은 있어야 하니까 난 오늘 500원을 더 벌었네! 아싸!!' 그리고 그때부터 가계부를 적기 시작했습니다. 지금 생각하면 말도 안 돼 보이지만 사람들이 저에게 주는 그 모든 것을 돈으로 환산해서 가계부에 적기 시작했습니다. '〈오늘의 수입〉시현 언니: 아메리카노 한 잔 1,500원, 은숙 언니: 호박 하나 500원', '아싸! 오늘은 수입이 2,000원이나 생겼어.' 누가 주지 않았으면 저의 지출로 나갈 것들이었으니 저에게 그것들이 들어온 순간 제 수입이 되는 거였습니다.

180만 원짜리 월급통장을 부술 수 있는 용기가 생긴 건 어쩌면 이 가계부를 쓰면서부터였던 것 같습니다. 늘 부족하다고만, 늘 없다고만 생각했던 일상이었기에 제 감정은 결핍으로 가득했습니다. 제 의지로 무엇도 바꿀 수 없는 삶이었기에 매일 무기력하게 보낼 수밖에 없었습니다. 그러다 가계부를 쓰기 시작했고, 제게도 많은 것들이 있음을 알게 되었고, 얼마든지 상황을 바꿀 수 있는 힘이 나 자신에게 있음을 깨닫게 되었습니다. 매일 들어오는 모든 것들을 돈으로 환산해 적다 보니 세상의 모든 것들을 수익으로 연결시키는 사고방식이 키워지고, 그때부터 받은 것들이 아닌 진짜 돈을 100원씩 더 벌 수 있는 방법들을 연구하기 시작했습니다. 지금도 제가 활동했던 맘카페에는 그때 막 피어오르던 제 희망들이 그대로 담겨 있습니다. 처음 제 옷을 올려서 팔았던 순간부터, 도매사이트에서 가을에 제일 잘 팔리는 치마레깅스 이미지를 카페에 올리고 공동구매로 선결제를 받아 제품 대금을 지불하고 한꺼번에 옷을 받아 한 분 한 분께 포장해서 보냈던 그 순간, 직거래를 원하는 카페 회원이 있어 여덟 살 큰아이를 데리고 10개 정거장도 넘는 곳까지 갔던 그 순간, 힘들게 간 그곳에서 결국 그분은 사지 않았고, 또래 아이가 살고 있던 그 집을 보며 부러워하던 나의 딸을 보던 그 순간, '엄마가 열심히 버니까 우리 이제 좋은 집으로 이사 갈 거야.'라고 약속했던 그 순간들… 그해 겨울에는 기모레깅스를 주문해 제가 사는 아파트 앞 동에서 팔았던 순간도 떠오르고, 여름에 냉장고 바지를 팔았던 순간도 여전히 생생합니다. 그리고 구제의류를 시작해 돈을 벌기 시작하고 그 노하우를 다른 분들과 나누려던 그 순간까지 제가 출근하던 맘카페 안에 고스란히 담겨 있습니다.

가끔 제 지난 게시물들을 보며 눈물을 흘릴 때가 많습니다. 열다섯 살이 된 큰아이가 배 속에 있을 때부터 활동하던 카페인데, 어느 순간부터 저는 그곳에 남편 이야기, 아이들 이야기가 아닌 상업적인 이야기들만 하고 있었습니다. 그때는 치열했고, 100원이라도 더 벌어야 했습니다. 그래도 지금 생각해보면 그 순간들이 너무나 찬란합니다. 하루하루 저에게 들어온 모든 것들에 감사하고, 살아 있음에 감사하고, 풍요로움을 느끼며 가계부에 그것을 준 사람과 어떻게 받았는지 그리고 금액으로 환산하면 얼마인지를 쓰며 뿌듯해하던 그때의 제가 참 대견합니다. 그렇게 시작된 저의 감사가계부, 가계부에 얼마나 적을 게 없었으면 남에게 받은 것까지 다 적었을까 싶지만, 그때의 씨앗으로 지금 제 가계부와 통장은 넘쳐날 정도로 많은 사람으로부터 감사함을 받고 있습니다.

그 가계부를 쓰기 시작하며 저의 인생이 변했으니 감사가계부가 맞습니다. 저에게 무언가를 주었던 그 감사함을 적은 가계부이기에 감사가계부입니다. 그 가계부를 통해 제가 얼마나 풍요로운 사람인지 깨닫게 되었기에 어느 날부터인가 그 가계부를 감사가계부라 부르기 시작했습니다. 가끔 인생이 비극으로 흐를 때가 있습니다. 그러나 잊지 말아야 할 것은 나 자신이 내 인생, 내 삶의 주인이라는 사실입니다. 인생 드라마가 가끔 비극으로 흐르려 할 때 각본을 바꾸는 방법은 의외로 아주 간단합니다. 그럼에도 불구하고 내게 있는 것들이 무엇인지 찾아내는 것, 그리고 그것에 감사하는 것, 내게 주어진 것들을 찾고, 감사하다 보면 어느새 내가 얼마나 많은 것을 갖고 있는 사람인지 깨닫게 됩니다. 그리고 그것을 깨닫고 감사하는 순간 인생은 또다시 내가 원하는 장르로 흘러가게 됩니다. 그것이 명랑이나 코믹이 될 수도 있고 로맨스가 될 수도 있습니다. 가장 중요한 것은 나에게 주어진 것을 더 많이 찾아낼수록 더 많이 감사할수록 내가 원하는 결말과 더 많이 가까워진다는 사실입니다. 여러분은 밴드를 통해 저를 만났지만 밴드를 통해 사업을 하고 돈을 버는 노하우뿐만 아니라 제가 겪은 이 삶의 깨달음도 공유하게 될 겁니다.

너, 미쳤어?

〈보증금 500/45 첫 매장 사진, 가게 안에 딸이 보인다〉

"너, 미쳤어?"

처음 구제의류 매장을 한다고 했을 때, 이 말을 최소 100번 이상은 들었던 것 같습니다. "너, 미쳤어?" "제정신이야?" "정말 미쳤구나, 미쳤어!"

이 말을 가장 많이 한 사람이 바로 제 남편입니다. 살던 임대아파트에서도 방세가 밀려 쫓겨나고, 그나마 보증금 500만 원 건져서 월세 45만 원짜리 빌라로 이사를 왔는데 이마저도 빼서 옷가게를 차린다니 누가 들어도 미친 소리였습니다. 미쳤구나를 반복하던 남편이 이런 질문을 합니다.

"그래서, 잠은 어디서 잘 건데?"

아무리 노력해도 벗어날 수 없는 쳇바퀴 같은 삶에 남편도 지쳐 있었는지, 아니면 아무리 해도 절대로 꺾을 수 없다는 직감 때문이었는지, "미쳤어"를 연신 외치던 남편의 다음 말은 "잠은 어디서 잘 건데?"였습니다.

"미쳤어? 미쳤구나, 살던 집 빼서 뭐 한 사람치고 잘 된 사람 없어, 정신이 나갔구나, 미쳤어!"

엄마 역시 반응은 남편과 같았습니다. 더 웃기는 건 그다음 엄마의 말이었습니다.

"그럼 잠은? 잠은 어디서 잘 건데?"

역시나 남편과 똑같은 질문이었습니다. 한참 망설이다 정말 어렵게 엄마 집에서 몇 달만 있겠다고 말씀드렸지만 엄마 반응은 상상 그 이상이었습니다. 절대 안 된다고 말하시는 것은 물론, 집 빼서 가게 차릴 생각은 꿈에도 말라고 신신당부를 하셨습니다. 그렇게 엄마에게도 선전포고를 해뒀으니 누가 뭐래도 전 작전을 실행해야만 했습니다. 남편은 엄마가 반대하는 와중이라 계속 어디서 지내야 할지를 고민했지만 그런 고민 따위 할 시간이 없었습니다.

저는 감사가계부를 쓰며 이미 저에게 주어진 모든 것들을 수익화하는 연습이 자동적으로 되어 버린 터라 매일 잠만 자는 데 사용하는 한 달 45만 원이 아까워서 견딜 수가 없었습니다. 한 달 45만 원이면 하루에 15,000원이 잠자는 걸로 사라지는데 그 돈으로 매장을 내서 100원을 팔아도 우리 돈이고 1,000원을 팔아도 우리 돈이었습니다. '젊어 고생은 사서도 한다는데 애들 어릴 때, 조금 고생해서 우리 아이들이 더 크기 전에 좋은 환경을 만들어 주자!' 잠이야 매장 한곳에 잠자리 마련해서 매장에서 먹고 자고 하면 되지, 우리 조금만 고생하자.'라고 남편을 다독였습니다.

한마디 상의도 없이 덜커덩 혼자 매장을 계약하고 와서 남편에게 선전포고를 했습니다. 남편의 "미쳤어" 강도는 더 강해졌고 이제는 당황스러움을 감추지 못할 정도였습니다. 정말 순간의 일이었습니다. 어쩌다 보니 제 손에 계약서가 있었다는 게 더 맞는 표현일지도 모릅니다. 엄마 집에 볼일이 있어 갔던 어느 날, 혹시나 하는 마음에 부동산에 매장 자리를 알아봤고, 그날 나왔던 매물이 제 예쁜옷쟁이 가게 자리였습니다. 화이트의 깔끔한 벽에 주황색 불빛, 골드 컬러의 고급스러운 X자 행거, 모든 것이 완벽했습니다. 그냥 보고만 있어도 가슴이 두근거려서 숨이 쉬어지지 않았습니다. 너무 괜찮은 물건이라 하루 이틀 새 나갈 거라는 부동산 사장님들의 뻔한 이야기도 그날 저에게는 가슴을 쥐어짜는 압박으로 다가올 정도였습니다.

"제가 계약할게요."

"잠시만 기다려 주세요."

말이 끝나기 무섭게 사촌 동생에게 전화를 했습니다.

"보람아, 언닌데, 언니 50만 원만 빌려줘."

놀라서 묻는 동생에게 언니가 너무 좋은 매장을 해야 하는데 계약금이 없으니 좀 빌려달라며 구구절절 설명을 한 끝에 50만 원을 입금 받고 집으로 왔습니다. 계약서를 들고 집으로 오는 길이 어찌나 황홀했는지, 지금 생각해도 가슴이 두근거립니다. 하지만 기쁨도 잠시, 일간 가계 약금 50만 원을 걸었지만 한 달 뒤 원금을 어떻게 낼지가 우리 부부의 고민으로 다가왔습니다. 이미 저는 계약을 했고, 남편에게 터트린 상태라 남편도 선택의 여지는 없었습니다. 이제 앞으로 전진하는 일만 남았습니다.

'한 달 안에 집이 빠지면 정말 다행이지만 그 안에 빠지지 않으면 어쩌지? 돈 50만 원을 잃는 것보다 그 매장을 할 수 없다는 게 더 무서웠습니다. 우리 부부가 처음으로 함께 희망하던 목표였는데 그것이 무너지는 게 두려웠던 겁니다. 그날부터 둘은 미친 듯이 돈을 구하기 시작했습니다. 매일 친구들, 친척들에게 전화해서 돈을 빌렸습니다. 그렇게 점점 계약일은 다가오고 있었습니다.

"당신 얼마 구했어?"

"나 재구한테 50만 원 빌린 거랑 월급 미리 받은 거랑 해서 150만 원?"

제가 모은 것까지 해 봐야 200만 원 남짓, 계약일은 다가오고, 집은 빠지지 않고, 하루하루 숨이 조여 오는 것 같았습니다.

"사장님, 죄송한데 혹시 월세 보증금을 미리 좀 빼주시면 안 될까요?"

말도 안 되는 소리지만 그 당시 나를 소개해준 부동산에 찾아가 방이 빠지기 전에 300만 원을 먼저 좀 빼 줄 수 없겠냐고 물어봤습니다. 방이 나가지도 않았는데 보증금을 빼 달라니 누가 봐도 황당한 소리였죠. 그래도 그 방법밖에 없었던 상황이었습니다.

　　"계약일이 언제라고요?"

　　부동산 사장님은 계약일까지 체크하며 메모하셨지만 안 될 확률이 더 크니 일단 다른 방법을 알아보라고 하셨습니다. 다른 방법? 다른 방법이 있었으면 얼마나 좋을까요? 하지만 우리에게 방법은 그것뿐이었고, 그저 가슴 졸이며 기다리는 수밖에 없었습니다. 그렇게 미루고 싶은 계약일이 다가왔습니다. 계약하기로 한 그 시간 바로 30분 전까지도 우린 미친 듯이 여기저기 통화해보고 사정해봤지만, 결국 더 이상 돈을 빌리지 못했습니다. 벽에 기댄 채 허공을 보며 "우리 좋은 경험 했다고 생각하자, 다음 번에도 기회는 얼마든지 있어."라고 말하던 남편의 그 눈은 지금 생각해도 눈물이 납니다.

　　쓰러지듯 벽에 기대서 애써 울지 않으려고 노력했던 그 시간, '정말 한 번만, 정말 한 번만 도와주세요.'라며 세상 모든 신을 다 찾았던 그 한 달, 하지만 우리의 소원은 이뤄지지 않았고, 계약 시간이 30분 남은 그 시간까지 우리에겐 아무 일도 일어나지 않았습니다. 그렇게 바닥에 흘러내려 나오려는 눈물을 애써 참고 있던 그때, 한 통의 전화가 걸려왔습니다. 에이 설마, 혹시나 하는 마음으로 핸드폰 창을 열어봅니다.

　　-성보부동산-

부동사 사장님의 전화였습니다. 정말 하늘이 도운 걸까요? 우리가 살던 그 집은 부동산 사장님이 관리하던 집이었고, 부동산 사장님의 설득으로 집주인분이 미리 300만 원을 주신다는 내용이었습니다.

"미쳤다, 미쳤어, 정말 미쳤어."

"여보 이거 꿈 아니지?"

"진짜지?"

참고 있던 눈물이 분수처럼 쏟아졌습니다. 불과 30분 전 제 눈에 고여 있던 눈물은 슬픔과 절망의 눈물이었는데 지금 이 순간 그 눈물이 세상 모든 기쁨의 눈물이 되어 폭포처럼 쏟아졌습니다. 우리는 서로를 부둥켜 안고 그렇게 빙글빙글 돌며 미친 듯이 기뻐했습니다. '드디어 우리에게 매장이 생긴다.' '우리도 이제 돈을 벌 수 있다~!!' '우리도 이제 사장이다.' 그렇게 저는 집과 매장을 바꿨습니다.

〈내 첫 매장을 찾아온 손님들〉

BAND

PART 4

가난한 창업의 추억

나만의 가게를 갖기 위해서 집을 포기했습니다. 매장 바닥에서 아이와 잠을 자던 그 기억을 잊지 못합니다. 너무 가난해서 꼭 성공하고 싶었습니다. 매장이 놀이터였던 아이에게도 성공한 엄마 모습을 보여주고 싶었습니다. 제가 네이버밴드로 성공하기 전까지의 눈물겨운 창업 이야기를 여러분에게 들려드립니다. '이 아줌마도 해냈는데 나라고 못할 거 있나.' 여러분들에게 이 정도의 자신감이라도 드리고 싶습니다.

보증금을 빼서
창업을 결심하다

〈2016년 바깥에서 바라본 내 첫 매장 모습〉

2015년 12월 31일 한 해의 마지막 날, 그날도 역시 방바닥에 붙어 무기력하게 누워 있었습니다. 옆방에서 들리는 남편과 큰딸의 싸우는 소리, 작은딸의 울음소리, 마치 아무것도 들리지 않는 사람처럼, 방바닥에 누워 천장만 바라보고 있었습니다. 어느 순간이었을까? 지금의 제가 아닌 어린 조윤미가 시야에 나타납니다. 부모님의 싸우는 소리, 엄마의 울음소리, 우리들의 울음소리, 모든 것이 똑같았습니다. 그때와 지금이 소름 돋게 같습니다. 날아가는 휴지 쪼가리가 돈으로 보일 정도로 늘 절박하게 살았던 엄마… 아빠의 월급날이 되면 생닭을 잡아 만든 치킨 한 마리, 그게 우리가 누릴 수 있는 전부였습니다. 다음 날부터 엄마는 슈퍼와 이모네를 돌며 외상값을 갚고, 빌린 돈을 갚았습니다.

또다시 돌아오는 아빠의 월급, 우리에게 남겨지는 치킨 한 마리, 또다시 밀려드는 외상값과 빌린 돈들, 아무렇지도 않게 동네 슈퍼에서 외상을 하던 우리와 엄마, 그리고 가난… 사실 엄마와 아빠가 매일 싸우던 이유도, 나와 남편이 매일 싸우던 이유도 결국에는 돈이 아니었을까요? 생각해보면 어찌 되었든 조금의 경제적인 여유가 있을 때는 우리 부부가 싸우는 일은 거의 없었습니다. 월급날이 가까워질수록 점점 더 심해지는 경제적 빈곤, 밀려 있는 외상값들, 줘야 할 빌린 돈들, 나가야 할 대출이자, 월세, 공과금 거기서부터 오는 압박들, 그 압박으로부터 벗어날 곳이 필요했던 것 같습니다.

계속되면 터져버릴 것 같은 그 압박감이 결국 자식에게 터지고, 남편에게 터지고, 부인에게 터져버립니다. 눈물이 났습니다. 그리고 두려워졌습니다. 어린 시절, 가난했던 우리 집이 싫었습니다. 친구 집에 가면 흔하게 있는 인형 하나 없고, 흔한 동화책 한 권 없던 우리 집이 싫었습니다. 친구들이 겨울이면 보온도시락에 국과 햄을 싸 올 때, 시절이 어느 시절인데 노란 양은 도시락에 김칫국물 줄줄 흘리던 나의 가난이 싫었습니다. 부자 친구가 쓰는 연필 끝에 지우개가 달린 미제 연필도 쓰고 싶었고, 무스탕

재킷에 장갑까지 끼고 오는 하얗고 포동포동한 그 아이의 피부까지도 갖고 싶었습니다. 겨울이면 손등이며 얼굴까지 터서 시커멓게 죽은 피부에 하얗게 올라오던 그런 피부가 싫었습니다. 잘나가던 친구 엄마 입김에 제가 애써 쓴 원고로 상을 받은 그 친구를 보는 것도 힘들고, 친구네 집에 가서 앉아봤던 수세식 변기를 생각하는 것도 힘들었습니다.

내 나이 마흔 살, 이 나이에 그런 집에 살았다면 누가 믿을지 모르지만 우리 집 화장실은 앉으면 구더기가 기어 올라와 울면서 볼일을 봐야 했습니다. 집이 너무 가난해 둘을 다 키울 수 없던 부모님은 내 나이 네 살 때 이모 댁으로 나를 보냈고, 학교를 들어가야 하는 여덟 살이 되어서야 부모님 댁으로 돌아왔습니다. 이모님 댁도 형편이 어려웠던 건 마찬가지라 유선방송 줄을 묶는 부업을 하셨고, 아이들이 둘이나 있어 나까지 봐 주시기에는 여력이 없었습니다. 저의 유년은 그랬습니다. 그렇게 가난했고 힘들었습니다. 그래서 늘 가난하지 않게 살겠다고 다짐하고 또 했는데, 결국 부모님이 걸었던 그 길을 똑같이 걷고 있었던 겁니다.

월급이 들어오면 1분도 안 돼서 사라지고, 친구 친지 할 것 없이 있는 대로 돈을 빌리고, 심지어 쌀이 없고, 먹을 게 없어 엄마 댁에 가서 가져와야 했습니다. 그렇게 저는 2000년대를 살아간다고 믿기 힘들 정도의 삶을 살고 있었습니다. '내 삶이 도대체 부모님과 다른 게 무엇일까? 결국은 가난의 대물림이구나. 이 가난의 굴레는 벗어나려야 벗어날 수 없고, 도망치려야 도망칠 수 없구나.' 엄마가 저에게 그랬듯이 똑같이 슈퍼에 가서 아이들을 윽박지르고 손에 든 과자를 뺏어 내리고, 아이들이 100원, 200원 소중하게 모아든 돼지 저금통까지 뜯어서 삶을 이어나가야 하는, 그런 나로 살아가고 있구나 생각하니 소름이 돋았습니다. 엄마의 삶과 단 1의 다름도 없이 싱크로율 100%의 똑같은 삶을 살아가고 있다는 게 너무 두려웠던 겁니다. 그리고 연달아 드는 생각.

'그럼 내 아이들은?'

'내 아이들도 나처럼?'

소리 내서 울고 싶을 정도로 두려움이 밀려왔습니다. 나의 어머니가 그랬듯이, 내가 그랬듯이, 내 아이들도 이 가난한 삶을 물려 받아야 하는 건가? 몸이 떨릴 정도로 두려움이 밀려왔습니다. 나의 현재는 기억의 재생이라는 말이 떠올랐습니다. 내가 살아온 순간순간이 내 기억에 저장되고 그것들이 또다시 나의 현실을 만듭니다. 그렇다면 난 내 아이들에게 어떤 기억을 심어주고 있는가? 정신이 번쩍 드는 순간이었습니다. 이렇게 바닥에 붙어 있을 때가 아니었습니다. 남편과 싸울 때가 아니었습니다. 아이들에게 하루빨리 좋은 기억을 만들어 줘야 했습니다. 성공하는 부모의 모습을 보여줘야 했습니다. 두려움이 바뀌어 오기가 생기기 시작했습니다.

'그래, 세상아. 네가 날 여기까지 끌어내렸구나. 하지만 이제 더 이상 난 내려갈 곳이 없다.'

이제 올라가는 일만 남았다고 생각했습니다.

'더 이상 운명에 지지 않으리라. 반드시 이 운명을 바꾸어 내리라.'

그렇게 다짐하고 벌떡 일어났습니다. 2015년 12월 31일 저는 다짐했습니다. 세상에서 승리한 인생을 살겠다고, 그리고 메모지와 펜을 가져와

2016년에 제가 해야 할 일을 적어 내려가기 시작했습니다. 첫 번째가 매장을 내는 일이었습니다. '월급만 받아서는 이 가난을 벗어날 수 없어, 내 장사를 해야 해, 망하든 흥하든 밑져야 본전이야. 이대로 가난에지지 않을 거야. 난 반드시 성공할 거야.'

그렇게 나의 2015년이 막을 내리고 대망의 2016년 그날의 다짐처럼 매장을 냈고, 장사를 했습니다. 원망하고 미워만 하던 세상에게, 늘 이겨보겠다고 대들던 세상에게 감사해하며, 나에게 시련을 주고, 시련을 통해 더 큰 나를 만들어 준 세상에 감사하며 하루하루를 살아내고 있습니다. 그날 그 어떤 무엇이 나를 과거로 데려가고, 나의 미래를 만들어 주었는지 알 수 없지만, 그날의 나에게 감사합니다. 이렇게 멋진 미래를 만들어준 그날의 나에게 감사합니다.

창업 첫날, 드디어 계약을 하고 나의 매장, 우리의 매장에 입성했습니다. 두근거리는 가슴을 잡고 얼마나 많은 날을 매장 앞에서 보냈었는지, 오늘도 가고, 내일도 가고 그다음 날도 가고….

"우리 매장이야 여보."

"그래, 우리 매장."

그렇게 말하고 또 말하고, 보고 또 보고, 아이들까지 모두 데리고 가 매장을 보여주며 "저기가 우리 매장이야."라며 아이들과 한참을 바라보다 집으로 돌아오곤 했습니다. 권리금으로 달라던 200만 원이 없어서 처음 보았던 주황색의 멋들어진 조명들과 고급스러운 화이트 행거는 비록 갖추지 못했지만 그래도 이 공간이 주어진 것만으로 감사했습니다. 6평 남짓한 작은 공간이지만 우리 가족이 이곳에서 만들어낼 멋진 일들을 생각하니 눈물이 날 정도로 행복했습니다. 물론 엄마의 반대로 우리는 갈 곳도 없이 매장에서 자야 하는 신세가 되었지만 그래도 좋았습니다. 우리에겐 매장이 있었으니까요. 집이 빠지지 않은 상태에서 보증금을 빼주신 거라 아직은 우리에게 조금의 여유가 있었지만 방이 빠지면 우리 네 식구는 6평짜리 매장 한편에서 잠을 자야만 했습니다.

  아무것도 없는 빈 매장, 이곳에서 어떻게 잠자리를 마련할까 고민하고 있을 때, 누군가 이사하며 버린 평상형 침대가 눈에 띄었습니다. 우리야 바닥에서 자더라도 아이들만은 조금 더 높은 곳에, 조금 더 안정된 곳에 눕히고 싶은 마음에 남편과 평상 침대를 매장까지 옮겼습니다. 침대가 있던 곳부터 매장까지의 거리도 엄청 길었지만, 통으로 만들어진 침대의 무게는 우리 부부가 양쪽으로 잡고 들기에도 감당하기 힘든 무게였습니다. 옆으로 세워 밀어도 보고, 바닥이 보이게 해서 들어도 보고, 어떻게 해도 가벼워지지 않는 침대 프레임을 들고 옮기느라 손바닥과 손가락 마디마디가 새빨개지고 불에 덴 것처럼 후끈거리며 아려왔습니다. 어떻게 왔는지 정신도 없고, 얼마의 시간이 걸렸는지도 모를 정도였습니다. 그냥 언젠가는 도착하겠지 하는 마음으로 이를 악물고 걷고 또 걸었습니다. 손끝은 얼얼해져 감각도 없고, 들고 오며 여기저기 찍혀 몸 곳곳이 아픈데도 그 시간이 얼마나 감사한 순간이었는지… '정말 세상은 늘 내가 원하는 것을 적시 적소에 준비해주는구나.' 생각하며 저는 또 한 번 감사의 눈물을 흘렸습니다.

하늘은 계약 시간 30분 전까지도 포기하지 않았던 내 고집에 계약금을 내주었고, 잠잘 곳을 만들어야 한다는 나의 열망에 이렇게 버려진 평상 침대를 주었습니다. 세상을 살며 이런 일이 이번 한 번뿐만은 아니었습니다. 책장을 비우고 아이 책을 넣어주고 싶다는 생각을 하면 다음 날 누군가 재활용에 아이가 읽을 책을 내놓았습니다. 커피 한 잔이 마시고 싶다고 할 땐 어김없이 누군가 커피를 사 주었습니다. 이런 경험은 살면서 누구나 한 번은 겪는 그런 흔한 일이겠지만 저는 늘 그 순간순간에 말할 수 없는 감사를 느끼며 격하게 감동했습니다. 그 모습을 저 위에 계신 분이 보기 참 좋았는지 유독 제게는 이런 일들이 자주 일어났습니다.

거처가 마련된 것도 아니고, 럭셔리한 무언가도 아닌, 그저 누군가 필요 없어서 버리고 간 칙칙한 색깔의 평상형 침대였지만 그래도 공간이 나뉘고 그곳에서 아이들이 잠을 잔다고 생각하니 너무나 행복했습니다. 물론 그렇게밖에 할 수 없는 현실에 잠깐잠깐 미안한 마음도 들고 아프기도 했지만 그런 마음도 잠시, 남편과 평상 침대를 매장 한편에 옮겨두고 그곳에 누워 있던 그 순간은 세상 모든 것이 내 것만 같았습니다. 평상 침대의 프레임을 옮긴 후 급한 대로 그 위에 돗자리 하나를 깔고 나니 어릴 적 살던 집의 마룻바닥처럼 아늑하고 좋았습니다. 그렇게 우리의 창업 첫날은 잠자리를 마련하는 것부터 시작되었습니다. 물론 우리의 007작전으로 그 평상에서 잠을 자는 일은 없었지만 그날의 기억은 지금도 저를 웃고 울게 만듭니다.

썬더카 만나던 날

여느 때와 같은 아침이 시작되었습니다. 우리 부부는 버스정류장으로 가서 버스를 탔습니다. 행신동에서 버스를 타고 원당에서 내린 후 그곳에서도 30분을 기다려 마을 버스를 타고 거래처가 있는 곳까지 이동했습니다. 갈 때 한 시간 사십 분, 올 때 한 시간 사십 분, 제품 사업을 위해 사용하는 시간은 걷는 시간 기다리는 시간 포함, 거의 네 시간에 달했습니다. 계약금 50만 원을 겨우 구해서 매장을 얻은 가난한 살림에 100만 원짜리 바퀴만 달린 똥차 하나도 살 수 없는 형편이었습니다. 매일 걷고 버스를 타는 일은 어쩌면 당연한 일이었습니다. 그래도 얼마나 다행스럽고 감사한 일이었는지, 버스를 타더라도 매일 살 수 있는 거래처가 있다는 자체가 감사였고 행복이었습니다.

버스를 타고 내리고 또 타고 내리고 걷고 제품 사업을 하고 까만 대봉 네댓 개를 들고 또다시 버스를 타고 내리고 또 타고 내리고의 반복…

그 시간이 우리 부부에게 가장 행복한 시간이었습니다. 남편은 늘 힘들다며 무거운 대봉을 혼자 들려고 했고, 난 그런 남편이 안쓰러워 또 함께 들려 했습니다. 결혼하고 그 오랜 시간을 싸우던 우리였지만 그때만큼은 싸울 수가 없었습니다. 하루빨리 엄마 댁에서 나와야 했고, 아이들에게 더 좋은 집을 만들어 줘야 했습니다. 싸울 시간도 다툴 시간도 없이, 우리는 그렇게 매일 사입처를 다니고, 매장에 와서 풀고, 다리고, 사진을 찍고, 택배를 싸서 보냈습니다. 새벽 두 시까지 택배 포장을 하고 함께 마시던 시원한 맥주 한잔… 저는 지금도 그 맛을 잊을 수가 없습니다.

그런 시간들이 지나고 가져오기 무섭게 옷들이 팔려 나가고, 화장실에서 돈을 세며 행복해하던 시간들이 오기까지 정말 두 다리로 열심히 달렸습니다. 처음 시작은 사입비 20만 원으로 행거 4줄을 채운 게 전부였지만 시간이 지나며 매장에 행거가 늘어나고 사입 비용은 200만 원까지 늘어났습니다. 더 이상 뚜벅이 사입으로는 감당이 되지 않아 어느 순간부터는 택시를 이용하게 되고, 사입에 들던 시간은 4시간에서 40분으로 줄어들었습니다. 매일 나가는 왕복 택시를 생각하면 사실 차를 한 대 사는 게 맞았지만 부부가 둘 다 신용불량자가 된 마당에 할부 차량은 생각도 할 수 없는 일이었습니다.

그러던 어느 날, 우리 매장 앞에 배달된 검은색 SM5, 그 순간의 감동은 지금도 잊을 수 없습니다. 매일 뚜벅이로 걸었고, 택시를 타야 했고, 아이들과 조금 먼 외곽으로 놀러 갈 생각은 꿈도 못 꾸던 우리에게 드디어 바퀴 달린 차가 생겼던 그날, 아는 언니의 형부에게 SM5라고 소개

받아 거금 200만 원을 현찰로 주고 샀던 그 차. 알고 보니 SM5가 아니라 SM520이었습니다. 하도 오래돼 부품 하나 구하기도 힘든 차량이었지만, 저는 그냥 차가 생겼다는 자체가 너무나 행복했습니다. 우리의 썬더카, 남편이 고쳐 쓰고 쓰다 결국은 폐차비도 못 받고 오히려 돈을 더 주고 폐차해야 했던 우리 봉고차 이름 썬더카를 그대로 따와서 이 아이의 이름도 썬더카로 지었습니다.

처음 차가 배달된 날, 엄마를 모시고, 아이들을 태우고 동네를 한 바퀴 돌던 그 희열도 잊을 수가 없습니다. 혹시나 차가 퍼지지는 않을지, 멈추지는 않을지 걱정하며 손잡이를 꼭 잡고 시승식을 마쳤지만 그래도 너무나 행복했습니다. 아이들도 신이 나서 더 멀리 가 보자고 아빠를 재촉했습니다. 생각보다 연식이 많이 되고 낡은 차라 불안한 마음에 그날의 시승식은 동네 한 바퀴로 끝이 났지만 그날 차에 타고 계시던 엄마의 표정은 지금도 잊을 수 없습니다. 오래된 차라 걱정이 되시는지 손잡이를 꽉 쥐고 계셨지만, 우리가 기뻐하는 만큼 엄마도 기뻐하셨습니다. 차에 대한 걱정으로 미간에 주름이 잡혔지만 딸에게 드디어 차가 생겼다는 것과 그 차를 지금 타고 있다는 즐거움은 엄마의 올라가 있는 입꼬리가 말해주고 있었습니다. 아이들 역시 뭐가 그리 좋은지 놀이공원 회전목마를 탄 것처럼 차 안에서 방방거리며 흥분을 가라앉히지 못했고, 우리 부부 역시 오랜만에 우리가 운전하는 차를 탄 기분에, 그리고 현금을 주고 이 차를 샀다는 뿌듯함에, 우리가 무언가 잘 해나가고 있다는 대견함에 계속 올라가는 입꼬리를 제자리로 돌리기 힘들 정도였습니다.

그날 첫 시승식을 시작으로 우리는 썬더카와 함께 땅끝 마을을 포함해서 안 가본 곳이 없을 정도로 다녔습니다. 부산, 동해 바다, 여수 밤바다, 통영, 인천 바닷가부터 전남, 경남 할 것 없이 시간이 날 때마다 차를 몰고 달렸습니다. 사람들은 그 고물차를 끌고 장거리를 가는 것 자체가 목숨을 건 일이라고 했지만 우리가 썬더카를 사랑하는 만큼 썬더카도 우리를 사랑해주었습니다. 늘 펑크가 나더라도 집 앞에서 나고, 퍼지더라도 동네에 도착해서 가장 안전한 곳에서 퍼져주었습니다.

　　썬더카와 함께하는 몇 년, 기적처럼 그 아이가 우리를 구해 준 일이 한두 번이 아니었습니다. 그뿐이던가요? 지하철 매장을 할 때는 행신동에서 부평까지 그 먼 길을 이동해주고, 하루에 200kg씩 들이붓는 옷의 무게를 모두 감당해주었던, 하늘이 우리에게 보내준 최고의 선물이었습니다. 돈이 없어 매일 조금씩 사입을 해야 했고, 돈이 없어 매일 걷고, 버스를 타야 했던 그 시절에 우리를 구원해준 고마운 녀석, 지금도 그날을 잊을 수 없습니다. 까만 자태를 뽐내며 우리 앞에 나타났던 썬더카, 그 녀석이 우리에게 와 준 후 모든 일이 잘되었습니다. 좋은 집으로 이사를 하고, 좋은 매장을 얻고, 결혼하고 처음으로 돈 걱정 없이 살게 되었습니다. 현금 200만 원에 우리에게 왔으니 남들 눈에는 그저 다 망가져 가는 똥차로 보였을지 모르지만 우리에겐 세상 어떤 차보다도 귀한 명차였습니다.

　　몇 년을 함께하고 결국 그 고마운 차를 폐차해야 하는 상황이 왔습니다. 우리에게 엄청나게 크고 반짝이는 최신형 봉고가 왔을 때에도, 우리는 썬더카에게 고맙다는 작별 인사를 하고 입을 맞추고 안아 주었습니다.

가장 힘들었던 시절, 우리를 가장 행복하게 만들어 주었던 녀석, 지금 함께하는 차 역시 우리의 썬더카 3호가 되었고, 늘 함께해주는 썬더카 3호에게도 감사와 사랑을 느끼지만 그날, 썬더카 2호를 만났던 그날의 그 감동은 나이가 들어 할머니가 되어도 잊지 못할 감동으로 남을 것 같습니다. 내 평생 가장 많은 사랑을 주었고, 받았던 나의 썬더카 2호, 감사하고 고맙고 사랑해!

사람이 환경이다

"나와, 가게 보러 가자."

어이가 없었습니다. 지금 당장 먹고살 것도 없고, 임대아파트 임대료조차 내지 못해

쫓겨나다시피 나온 사람에게 매장을 보러 가자니 황당한 노릇이었습니다. 지혜는 늘 그런 식이었습니다. 틈만 나면 나에게 매장을 보러 다니자고 했습니다. 그 친구가 내 옆에 있지 않았다면 어쩌면 난 지금도 가난한 월급쟁이 남편의 부인으로 똑같은 삶을 살고 있을지도 모르는 일이었습니다.

1학년이 된 큰 딸이 같은 반 친구와 사고를 쳤다는 제보를 받고 만나게 됐던 그 친구의 엄마, 그날 우리는 서로의 이야기를 하며 펑펑 울었고, 우리의 인연이 시작되었습니다. 시간이 어느 정도 지났을까? 어느 날 친구를 하자던 녀석, 사실 따지고 보면 나는 81년 닭띠, 그 녀석

은 82년 개띠였지만 학교를 빨리 들어갔으니 친구를 하자는 녀석에게 언니 소리를 듣기는 힘들 것 같았습니다. 그렇게 우리는 친구가 되었습니다. 잘 맞지도 않는 것 같고, 어떻게 보면 서로에게 무심하다 생각이 들 정도로 연락도 자주 안 하던 친구 사이였습니다. 그런데 언제부턴가 만남이 잦아지고, 연락이 잦아지며 집안에 숟가락이 몇 개인지까지 알 정도로 서로의 인생에 관심이 많아졌습니다. 물론 지금도 난 그 친구 집에 숟가락은커녕 뭐가 있는지도 잘 모르지만, 늘 저의 일거수일투족이 관심사인 그 친구는 우리 집 숟가락 개수는 기본이고 집안 곳곳의 살림을 채워 넣는 일이 취미생활이 될 정도였습니다.

목이 마른가 싶으면 물을 채워주고, 배가 고픈가 싶으면 쌀을 채워주고, 어딘가 허전하다 싶으면 늘 제가 알아채기도 전에 먼저 알아채고 채워주던 친구… 저는 말하지 않았고, 생각하지 않았지만, 그 친구 눈에 비친 제 모습은 늘 무언가를 찾고 있지 않았나 싶습니다. 그걸 알아챈 제 친구가 끊임없이 제게 제 안의 이야기를 해주었던 것은 아닐까요? 저보다 저를 더 잘 아는 친구이기에 제가 원하는 것이 무엇인지, 무엇을 하고 싶은지 제가 알아듣지 못해도, 이해하지 못해도 저에게 계속해서 이야기했던 것은 아닐까요?

"장사를 해야 해."

"니 장사를 해야 해."

"월급 받아서는 평생 돈 못 모아. 니 장사를 해야 해."

만난 지 몇 해가 지나도록 친구는 끊임없이 제게 말했습니다.

"야, 이 앞에 매장 나왔어. 매장 보러 가자."

"야, 우리 집 바로 앞에 상가가 나왔네. 상가 보러 가자."

얼굴을 보러 갈 때마다 장사를 해야 한다며, 그래야 돈을 번다고 말하던 친구… '그래, 장사를 하면 돈을 벌겠지. 그걸 모르는 사람이 세상에 있을까?' 아니 모르는 사람이 있을지도 모르는 일이었습니다. 어쩌면 그럴 필요성을 느끼지 못하는 사람이 더 많을지도 모를 일입니다. 대기업 사원이나, 공무원들, 월급을 빵빵하게 받는 프리랜서들이라면 굳이 자영업을 할 필요가 있을까요? 장사를 해야 할 이유가 없는 사람들이 세상엔 어쩌면 더 많을 테니까요. 하지만 전 그 어디에도 속하지 못했습니다. 남편이 '사' 자가 들어가는 직업도 아니고, 대기업 직원도 아니었으며 공무원은 더더욱 아니었습니다. 구청 환경과에 속하는 환경미화원이 되면 일하는 시간도 짧고, 급여도 월 300만 원 이상이라며 한 달을 열심히 노력해서 몸을 만들었지만 가자마자 100m 달리기에서 떨어져 버린 제 남편이었습니다. 그런 남편에게 무엇을 바라는 자체가 웃기는 일이었습니다. 그러니 남은 건 장사뿐이었고, 그 친구 말대로 지금 상황에서 탈출할 수 있는 유일한 출구는 장사뿐이었습니다.

친구는 여기저기 싸게 나왔다는 매장을 수소문해 늘 내 손을 붙잡고 매장을 보러 다녔습니다. 우물 안 개구리라고 했던가요? 가난이 길어지고, 삶이 내 뜻대로 흐르지 않는다고 생각했던 그때, 그때는 마비된 나의 생각 우물에 갇혀 어떤 생각도 하지 못했습니다. 제가 돈을 벌 수 있다는 생각도, 제가 무엇인가를 할 수 있다는 생각도 하지 못했습니다. 그런 생각은커녕 하루하루 살아가는 것조차 어떻게 살아가야 할지 모를 정도로 뇌는 마비에 가까운 수준으로 굳어 있었습니다. 한없이 높게만 보이는 그 현실의 우물을 벗어날 생각조차 할 수 없었습니다. 아니 어쩌면 어릴 적부터 쇠사슬에 묶여 자란 코끼리처럼, 다 자라 커다란 코끼리가 되어도 끊을 수 없다는 생각에 묶여 끊을 시도도 하지 않고 있는지도 모르는 일이었습니다.

이미 제 안에 이 높은 우물 벽을 차고 오를 힘이 넘치고 있음에도 '해봐도 안 됐잖아, 할 수 없잖아, 안 되는 거잖아.' 하는 마음의 사슬에 묶여 우물 밖을 나오지 못했는지도 모릅니다. 우물 밖의 세계는 너무 무섭다고, 두렵다고, 위험하다고, 그렇게 저를 끝없이 세뇌하며 스스로의 생각에 갇혀 물이 차오르는 우물 안에서 떨고 있었는지도 모릅니다. 그런 저에게 유일하게 끈을 끊고 나오라고 하는 친구가 그 친구였습니다. "할 수 있어, 너도 할 수 있어, 넌 잘 할 수 있어."라고 끊임없이 말을 건네는 친구였습니다. 돈 한 푼 없는 저를 데리고 이리저리 매장을 보던 친구, 어쩌면 그런 친구가 있었기에 제 생각의 사슬이 끊겼는지도 모릅니다.

'아니야, 난 할 수 없어. 내가 뭘 할 수 있겠어.'라고 고개를 저었지만 그 친구를 만나고, 매장을 보고 오는 날이면 잠을 이루지 못하고 제 매장 안에 있는 저를 상상하곤 했습니다. 사람이 가장 좋은 환경이라고 했던가요? 인생을 살며 제가 가장 잘한 일은 살아가는 방식을 바꾸고, 환경을 바꾼 일입니다. 그 환경 중에서도 가장 잘 바꾼 것은 이 친구를 만든 일입니다. 하버드대의 어떤 연구 결과에 의하면 내 친구의 친구의 친구가 행

〈내 친구 지혜, 가운데 미미, 라온〉

복하면 내가 행복할 확률 5%, 내 친구의 친구가 행복하면 내가 행복할 확률 15%, 내 친구가 행복하면 내가 행복해질 확률은 무려 25%가 된다고 했습니다. 그래서 사람이 가장 중요한 환경이라고 얘기하는 것 같습니다. 그 연구 결과가 더 충격적인 건 행복한 사람은 행복한 사람끼리 무리 지어 살고, 불행한 사람은 불행한 사람끼리 무리 지어 산다는 결과였습니다.

예전에 어디선가 들은 적이 있는 말인데, 나의 5년 후를 보고 싶다면 지금 내가 가장 자주 만나는 사람 세 사람을 보라고 했습니다. 그 사람이 자신의 미래라고… 정확히 기억은 안 나지만 대략 이런 이야기였던 것 같습니다. 이렇게 여기저기 널려 있는 인간관계에 대한 조언이나 연구, 속담만 보더라도 내 주변의 사람이 나에게 얼마나 중요한 환경이 되는지 알 수 있지 않을까요? 부자가 되고 싶으면 부자 친구를 만들고, 잘 웃고 싶으면 잘 웃는 친구를 만나면 되고, 캠핑을 다니고 싶다면 캠핑을 잘 다니는 친구를 만나면 됩니다. 매일 술을 진탕 마시고 싶다면 술을 잘 마시는 친구를 만나면 되고, 누군가와 매번 싸우는 게 좋다면 늘 불평불만에 성격이 좋지 않은 친구를 만나면 됩니다. 물론 그 반대의 상황을 원한다면 반대의 친구를 만나면 되는 일이죠.

이 친구 역시 스무 살에 일하던 미용실에서 남편을 만났고, 지금은 생각도 못 하지만 당시 국가가 나서서 사용을 권장할 만큼 미친 듯이 발급해주던 카드를 왕창 만들어 카드론을 받아 미용실을 차렸습니다. 잘 곳이 없어 미용실 한편

을 잠자는 곳으로 꾸몄고, 아이를 임신해 만삭이 되었을 때도 불러온 배 위에 손님의 머리카락이 수북이 쌓일 때까지 일을 했습니다. 아이를 낳고 돌이 되었어도, 손님들이 돌아가며 아이를 안아주고, 그러는 동안 계속 일을 했을 만큼 아무것도 없는 상황에서 하나하나 자신의 삶을 만들어 갔고, 지금은 아주 멋진 미용실과 40평이 넘는 타운하우스에서 아이들 셋과 행복하게 살고 있는 친구입니다. 그런 친구이다 보니 지금 제 상황이 답답할 수밖에 없었을 겁니다. 그리고 본인이 삶을 개척해냈으니 친구인 저 역시 저의 삶을 개척해가길 바랐는지 모릅니다. 친구는 늘 저에게 "나도 어렵게 시작했어. 그러니까 너도 할 수 있어."라고 말했고, 그 말은 제게 어서 우물 밖으로 나오라는 주문처럼 저도 모르는 사이 조금씩 조금씩 커다랗게 마음에 자리를 잡아가고 있었습니다. 생각의 사슬에 묶인 우물 안 개구리를 우물 밖으로 꺼내준 친구, 지금도 누구나 저에게 인복이 많다고 할 정도로 늘 사람에 둘러싸여 살아가고 있지만 그중 저에게 가장 큰 인복은 어쩌면 이 친구를 만나게 된 건지도 모르겠습니다.

가난한 창업이 성공합니다

나의 생애 두 번째 창업, 매장은 얻었는데 돈이 없었습니다. 그나마 사촌 동생에게 빌린 50만 원도 부동산중개 거래 비용을 지불하고 나니 남은 게 거의 없는 상황이었습니다. 만 원짜리 중고 행거 4개, 주워 온 테이블, 노점 뛸 때 쓰던 접이식 테이블, 전 매장 주인이 버리고 간 중고 마네킹과 하나에 50원짜리 옷걸이 200여 개가 저의 전부였습니다. 손에 있는 돈은 단돈 20만 원, 그 돈으로 제품 사입을 해야 했습니다.

그나마 다행이라고 해야 할까? 아니면 운이 좋다고 해야 하나? 도매처가 버스로 한 시간 반이면 갈 수 있는 거리에 있었습니다. 손에 든 돈은 적었지만 하나라도 팔리면 그게 어디냐는 생각에 무작정 버스에 몸을 실었습니다. 처음 사입 가던 날, 버스를 두 번 갈아타고 한 시간 반 만에 도착한 도매 거리에서 한 집을 골라 들어갔습니다. 그때는 초창기 때라 사입 단가도 제대로 모를 때였기에 지금 기준으로 보면 거의 소매가 수준인 티, 원피스를 5,000원에, 재킷류를 8,000~15,000원 사이에 사입해 왔습니다. 지금은 그 가격에 도매를 하는 일은 절대 없지만 그땐 그렇게라도 사입을 하고 거래를 할 수 있는 것에 감사했습니다.

〈 내 첫 매장을 찾아온 고마운 손님들, 누군가 내 물건을 사 간다는 게 너무 기뻤던 그날 〉

최초 사입 비용 20만 원으로 50여 벌의 옷을 구매해 행거에 진열했습니다. 장사 기간을 통틀어 그때의 매장이 가장 깨끗하고 심플했습니다. 옷도 없고, 물건도 없고, 심지어 손님도 없었으니까요. 매장을 오픈한 첫날, 바깥 매대에 걸어둔 9,900원짜리 니트가 팔렸습니다. 15,000원짜리 핑크색 노스페이스 우주복도 팔렸습니다. 얼마나 감동적이었으면 지금도 그때 팔린 제품들이 뚜렷하게 기억납니다. 하얀 바탕에 빨간 배색이 되어 있던 스트라이프 니트, 거기에 커다란 남색 별이 박혀 있던 옷, 그리고 120 사이즈의 우주복. 그런데 처음 사입해 와 첫날, 매장에서 팔린 그 두 제품은 시간이 아무리 지나도 잊히지 않습니다.

신기했습니다. 제가 사 온 물건을 누군가가 사 간다는 게, 너무 신기하고 뿌듯했습니다. 물론 맘카페에서도 물건을 팔았고, 노점을 하면서도 물건을 팔았고, 심지어 매장을 내서 물건을 팔아도 봤지만, 그날의 그 느낌과는 무언가가 많이 달랐습니다. 오픈 첫날, 마감 금액이 5만 원이었던가? 지금 하루 매출이 5만 원이라 하면 정말 큰일 날 일이지만 그때는 그것마저도 감사했습니다. 500에 45짜리 투 룸을 포기하지 못하고 그냥 편안하게 누워 잠만 자는 것에 만족했다면 이렇게 돈을 버는 기쁨은 누려보지도 못했을 것이란 걸 알기에 그날의 매출 50만 원은 500만 원보다도 더 크게 느껴졌습니다.

다음 날, 어제 물건을 판 돈 5만 원을 들고 또 버스에 올랐습니다. 걸린 옷이 얼마 없어서인지 대여섯 장밖에 안 나갔는데도 행거가 휑~해보였습니다. 버스를 두 번 갈아타고 거래처에 내려 또 열 댓 장을 골라 매장에 왔습니다. 다음 날도, 그다음 날도 팔린 옷값에서 조금씩만 빼고 매일같이 버스를 두 번 타고 거래처에 가서 옷을 사입했습니다. 한꺼번에 옷을 할 돈이 없었기에 매일같이 남편과 그 일을 반복했습니다. 그무렵 남편이 다니던 마트가 문을 닫으며 남편도 실직 상태였기에 우리가 할 수 있는 일은 그렇게 매일 거래처를 다니며 물건을 하는 것밖에 없었습니다. 매일 도매 거리를 다니다 보니 자연스레 더 낮은 가격에 단가를 맞추게 되고, 자주 가는 단골 사입처가 생기면서 그 전보다 훨씬 적은 돈으로 조금 더 많이 살 수 있게 되었습니다.

돈이 없어 소량을 매일같이 매장에 들여왔고, 브랜드를 몰라 비싼 것도 싸게 팔았습니다. 구제의류 사업에 대해, 그리고 옷에 대해 지금도 늘 공부가 필요하고 노력이 필요하지만 그때는 정말 흔한 브랜드도 모를 때라 비싼지 싼지도 모르고 그저 사 주는 게 고마워 막 팔아댔습니다. 지금 생각해도 정말 웃음이 나는 건, 매장을 오픈하고 얼마 되지 않은 상황이었습니다. 두 달이 되어도 사람이 들어오지 않아 늘 걱정이던 매장에 어느 날부턴가 사람이 들어오기 시작했습니다. 더 재미있는 건 사람들이 들어오기 시작하면서 동네에 옷 잘 입기로 소문난 구제 마니아들이 매장에 오기 시작했고 얼마 지나지 않아 사람들 사이에 저 집이 옷이 좋은데 싸더라는 소문이 돌기 시작했습니다. 사입을 해 오는 시간에 맞춰 매장 앞에 쪼르륵 앉아 기다리는 사람들까지 생겨났습니다.

저에게 만약 큰 여유 자금이 있어 노느니 하자는 마음으로 구제의류 매장을 열었다면 지금 알고 있는 것 중 많은 부분을 놓쳤을지도 모릅니다. 큰돈으로 한 번에 사업을 했다면 매일 시장에 갈 필요도 없었을 것이

〈나의 세 번째 매장 모습〉

고, 가끔 한 번 가서 왕창 사 왔다면 많은 거래처와 배움의 기회를 놓쳤음은 물론, 매일같이 제품을 해 오는 재미에 빠진 단골 고객들도 없었을 것입니다. 가난이 있었기에 구제의류를 만나고 돈이 없었기에 매일같이 소량 사입을 해야 했습니다. 어쩌면 예쁜옷쟁이가 성공한 가장 큰 이유가 바로 매일같이 가져왔던 소량 사입이었는지도 모릅니다. 그 사실에 너무나 감사합니다. 돈이 없다는 것, 가난하다는 것은 어쩌면 돈을 벌 수 있는 가장 큰 기회일지도 모릅니다.

예쁜옷쟁이
밴드의 탄생

예전이나 지금이나 전 포기하는 법을 모릅니다. 물론 아주아주 어리던 저는, 세상이 제 뜻과 다르게 흘러간다고 믿었던 저는, 인생은 내 편이 아니라고 믿었던 저는, 언제든 도망갈 준비가 되어 있었고, 시작하지 않을 용기가 장전되어 있었습니다. 조금 더 나이가 들고, 아이의 엄마가 되고, 더 많은 시련을 겪던 어느 날 시작하지 않을 용기를 버리고, 무언가를 시작하기로 마음먹었습니다. 이 길고 긴 인생에서 무엇도 시작하지 않고, 아무것도 하지 않을 생각을 했다니 그것만큼 무모하고 대담한 일이 또 있었을까요? 그렇게 큰 용기를 버리고 창업을 했습니다. 세상이 내게 바라는 대로 저의 길을 만들어가기로 했습니다.

　많은 시간 인생을 오해했지만 인생은 늘 제 편이었습니다. 창업을 결심하고 돈 한 푼 없는 상황에 돈 50만 원을 빌려 덜커덩 매장을 계약하고, 남은 보증금을 만들기 위해 뛰었던 그 시간들이 저를 자각하게 만들었습니다. 매장 계약 30분 전까지 노력했지만 결국엔 안 되었고, 방바닥에 주저 앉아 눈물 흘려야 했습니다. 그러나 예전처럼 세상이 밉지만은 않았습니다. 꿈을 위해 달렸고, 정말 열심히 미친 듯이 뛰었습니다. 그걸로 되었습니다. 남은 힘 한 방울까지 짜내고 또 짜내고 뛰었으니 그걸로 되었습니다. 매장을 얻지 못했지만 우리 둘이 처음으로 미친 듯이 하나의 꿈을 위해 뛰었으니, 그것도 미친 사람처럼 내일 죽을 사람들처럼 뛰어봤으니 그걸로 된 겁니다. 원망도 미움도 없었습니다.

"우리 좋은 경험했다고 생각하자."

남편 역시 주저앉아 있었지만 평온한 말투로 내게 말했습니다.

"그래, 우리 진짜 열심히 했어. 그걸로 됐어."

눈에서 눈물이 흘렀지만 제 마음 역시 평온함을 느꼈습니다. 그리고 만족했습니다. 우리가 뛰었던 그 모든 날에 감사했습니다. 바로 그때, 우리가 할 수 있는 모든 것을 다하고 아무 원망 없이 아프지만 소중한 현재에 감사할 때, 부동산에서 전화가 왔고 정말 기적처럼 방이 빠지기도 전에 우리는 보증금의 일부인 300만 원을 먼저 받아 매장을 계약했던 겁니다. 물론 예전에도 제가 원하는 것들을 세상은 항상 내어주었지만 그에 대한 감사도 자각도 없었습니다. 하지만 매장을 얻는 그 과정에서 확신했습니다. '포기하지 않으면 되는구나. 포기하지 않고 끝까지 세상을 믿고 가는 거다.' 스스로 포기하지만 않는다면 인생은 늘 숙제를 풀 수 있는 힌트를 줍니다. 원망이 아닌 평온과 감사가 있을 때, 인생이 주는 힌트를 더 잘 알아차리게 됩니다.

매장을 오픈하고 사람이 들어오지 않았던 그때도 역시 전 포기하지 않았습니다. 포기하지 않고 끝까지 원했을 때, 인생이 내게 준 보상이 있었기에, 더 이상 물러서거나 포기할 생각 따위는 들지 않았습니다.

'어떻게 하면 옷을 팔 수 있을까?'

사람이 들어오지 않는 것도 문제였지만, 작은 매장에 옷이 쌓여가는 것도 문제였습니다. 물론 워낙 작은 매장에 행거라곤 다섯 개밖에 되지 않으니 쌓여 봤자 티도 안 났겠지만, 하루하루 팔아서 행거를 채우는 입장에서는 며칠이나 안 나가는 옷들이 마음의 짐이었습니다.

그나마 다행인 것은 '난 왜 늘 이 모양일까?' '이제 망한 건가?'라는 질문이 아닌 '어떻게 하면?'이라는 문장을 되뇌며 제 행동에 대한 질문을 했다는 것입니다. 어떻게 행동해야 하는지 질문하고 행동하려고 마음먹는 것, 그래서 늘 주저앉지 않았는지도 모릅니다. '오픈은 했고, 간혹 손님이 와서 제품을 사 가는 행복도 느끼지만 그것은 가뭄에 콩 나듯 하고, 제품은 팔아야 하는데 그럼 난 어떻게 해야 할까?' '혹시나 안되면 어쩌지?'라는 생각에 눌려 잠시 생각이 마비되기도 했지만 그때 전 끊임없이 스스로에게 질문했습니다. 그리고 찾은 답이 온라인 마켓!!

어려웠던 시절, 100원이라도 더 벌어보자고 카페며 오픈마켓을 뒤지고 다녔던 제가 아닌가요? 그날부터 옥션과 중고장터 등에 사진을 찍어 올리기 시작했습니다. 옥션 중고에 경매로 옷을 팔기도 하고, 카페에도 올렸습니다. 어떤 경로로 어떻게 밴드에 흘러 들어갔는지 모르겠습니다. 지금도 그렇지만 예전에도, 제가 원하는 것을 찾을 때까지 무한 검색을 하다 원하는 정보를 찾지만 너무 많이 타고 타고 검색을 해서 정작 경로는 알지 못할 때가 많습니다. 밴드 역시 중고시장, 중고나라, 벼룩시장 등을 검색하다 우연히 들어가게 됐고, 거기서 중고거래를 할 수 있는 밴드를 발견하고 옷을 올리기 시작했습니다.

그때는 밴드 중고거래가 지금처럼 활성화되어 있던 때가 아니라 많은 인원이 있지는 않았지만 옷을 올리는 족족 판매가 되었고, 다른 밴드에서 옷을 팔다 보니 저만의 밴드를 갖고 싶어졌습니다. 매장의 이름을 딴 '예쁜옷쟁이' 밴드는 그렇게 탄생했습니다. 한 분 한 분 여러 채널에서 저에게 옷을 산 고객들을 이곳에 모으고, 전화기에 저장된 모든 사람들에게 초대장을 보냈습니다. 당시 개인 밴드에서 구제의류를 파는 것은 '예쁜옷쟁이'가 최초였고, 사람들은 이 신기한 밴드에 들어와 제가 올리는 족족 옷을 사 갔습니다. 지금이야 동대문 신상에 덤핑에 구제 도매까지 셀 수도 없는 밴드들이 만들어졌고 활동하고 있습니다. 그러나 처음 예쁜옷쟁이 밴드를 만들었을 때만 해도 중고의류를 여러 명이 파는 밴드만 존재했을 뿐, 구제의류를 파는 개인 밴드는 없었기에 거의 독점이라고 했을 만큼 많은 고객들에게 과분한 사랑을 받았습니다. 생각해보면 예쁜옷쟁이 밴드 역시 창업했을 때와 마찬가지로 포기하지 않는 마음이 만들어낸 인생의 선물이었습니다. 이후 신랑과 새벽 2시, 3시까지 포장을 해야 했을 만큼 옷들이 팔려나갔고, 쌓여가는 택배만큼 매장 고객들도 늘어났습니다.

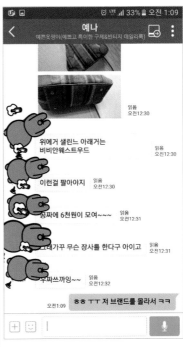

BAND

PART 5

작은 매장에서
일 매출 100을 찍는 방법

왜 구제의류를 했냐고 물으신다면 저는 당장 돈을 벌고 싶었기 때문이라고 말합니다. 네이버밴드로 돈을 벌고 싶다면 자기만의 사업 아이템이 있어야 합니다. 저는 장사를 하면서 사람들을 모으는 다양한 방법을 배웠습니다. 매장 입구에 거울을 놓는 것도 사람 모으는 방법 중 하나였죠. 그런데 네이버밴드는 그런 거울도 필요 없습니다. 저를 지지하는 팬들이 제 매출을 올려줍니다. 나만의 가두리어장이라고 말하는 이유가 여기 있습니다. 여러분도 이 아줌마가 한 것처럼 하루에 100만 원 매출을 찍으실 수 있습니다.

장사에도 Show가 필요해

판매하는 제품의 가격대나 질이 비슷하고 입지 조건도 비슷한데 어느 매장은 손님이 바글바글하고, 또 어느 매장은 숨 쉬는 소리가 다 들릴 정도로 조용한 곳이 있습니다. 그 차이는 어디서 오는 걸까요? 장사가 되는 구제의류 매장과 장사가 안 되는 구제의류 매장의 가장 큰 차이는 무엇일까요? 구제 도매 거래처도 같고, 판매 가격, 위치 등 모든 것이 비슷한 상황에서 매출을 결정 짓는 것, 그것은 다른 무엇도 아닌 그 공간을 채우고 있는 사람입니다.

사람이 없는 한산한 매장의 대부분은 사람이 없으니 할 일이 없고, 할 일이 없으니 나른하고, 나른하니 눈이 풀리고, 그렇게 멍한 눈으로 허공을 바라보거나 문밖을 쳐다본다는 공통점이 있습니다. 또는 가끔씩 들어오는 한 사람이 반가워 다급하게 다가가 무얼 찾는지, 어떤 스타일을 좋아하는지, 이런 건 어떤지 등 너무 과하게 응대해 간만에 들어온 손님을 놀라도망가게 하는 경우도 있습니다. 그렇다면 고객을 부르는 몸짓은 어떤 것일까요? 그 안을 차지하는 사람의 어떤 행동이 사람을 모을까요?

언젠가 작은 옷가게에 들어간 적이 있습니다. 차분한 분위기에 조용한 음악이 흐르는 옷가게, 하지만 그곳에 오래 머무르지는 못했던 것 같습니다. 주인 언니는 매장 한편에 앉아 책장을 넘기다 제가 들어가니 가볍게 인사를 하고 저를 지켜보기 시작했습니다. 옷걸이를 넘길 때마다 나는 마찰로 인한 소리와 무거운 분위기에 왠지 부담스러움이 느껴져 몇 분도 안되어 그곳을 빠져나왔던 기억이 납니다. 매장마다 분위기라는 게 있고, 사장님의 스타일이 있지만 제 성격 자체가 워낙 활동성이 있어 그런지 어두운 분위기, 차분한 분위기, 가라앉는 분위기보다는 활기찬 분위기를 조금 더 편안하게 느낍니다.

그렇다면 활기찬 분위기는 어디서 나올까요? 그건 아마 매장 안을 채운

사람들의 활발한 움직임이 아닐까 싶습니다. 분주하고 바쁘게 일하며 움직이는 사장이나 직원들의 모습이 손님을 모이게 하는 활발함이 아닐까요? 처음 오픈한 매장은 전면이 통유리였기에 밖에서 안이 훤히 들여다보였습니다. 오픈한 지 얼마 되지 않아 들어오는 사람도 없고, 심지어 유동 인구도 많지 않은 거리였습니다. 손님도 없고, 할 일도 없어, 의자에 우두커니 앉아 있거나 엎드려 잠을 잔 적이 있을 정도로 사람이 거의 들어오지 않았습니다.

어떻게 하면 사람이 들어올까? 책을 읽고, 인터넷을 뒤져 방법을 찾았고, 여러 곳의 정보를 조합해 나름의 이미지 연출을 감행했습니다. 출근해서 창을 닦고, 거울을 닦고, 커피를 한 잔 마신 후 하루 종일 벽에다 옷을 걸고 찍었습니다. 사진을 찍고, 마네킹에 디스플레이하고, 마네킹 옷을 하루에 서너 번씩 갈아입혔습니다. 택배 봉투에 옷을 싸고, 포장을 하고, 그렇게 공간 안의 사람이 자기 일에 열중하는 모습을 보며 지나가던 사람들도 부담 없이 매장 안으로 들어오게 되고, 사진을 찍으며 묻는 것에만 답해주자 편안함을 느끼고 오래도록 공간에 머물다 옷을 사서 갔습니다. 일단 사람이 들어오면 통유리 밖으로 지나가던 사람들도 경계심을 풀고 매장 안으로 들어오게 되고, 그런 일상의 반복으로 매장 안은 점점 사람들로 가득 차게 되었습니다.

그 당시 저에게 가장 큰 영향을 준 건, 어떤 사장님의 이야기였는데 떡집이 개업을 하고 영업을 하는데 손님이 너무 없더랍니다. 고민 끝에 그 사장님은 일부러 자전거에 제품을 싣고 동네방네 웃으며 돌아다녔고, 사람들이 어딜 가냐고 물으면 늘 배달을 간다고 말했습니다. 어느새 그 집이 장사가 잘된다더라 맛있다더라 하는 소문이 돌아 진짜 장사가 잘되고, 대박집이 되었다는 이야기, 그 이야기를 듣고 저 역시 똑같은 방법을 쓰기로 했던 겁니다. 그날부터 가짜 택배 봉투를 매장 앞에 늘 수북하게 쌓아 두고, 하루 종일 사진을 찍고 택배를 쌌습니다. 아침에 가격이 얼마냐고 물어보고 그냥 가면 오후가 되기 전 인터넷에 올려 팔아버렸습니다. 저녁이 되어 다시 와서 아침에 본 옷을 찾으면 우리 집은 인터넷 동시 판매라 있을 때 안 사면 금방 나간다고 말했습니다. 바쁘지 않아도 바쁜 듯 늘 분주하게 움직이자 정말 신기하게도 진짜로 바빠지기 시작했고, 5평 변두리 동네 매장에서 하루 매출이 100만 원씩 찍히기 시작했습니다.

지금도 전 매장에 신나는 음악을 틀고, 음악에 맞춰 몸을 흔들며 옷걸이에 걸린 옷들을 빼서 이리저리 옮겨 다닙니다. 사진 찍는 것은 기본이고, 택배를 싸고, 디스플레이를 합니다. 거기에 요즘은 매장에서 라이브방송까지 하다 보니 매장은 늘 쉴 새 없이 돌아갑니다. 지금은 직원분이 대부분 매장에 계시지만 제가 매장에 오래 있는 날 매출이 조금이라도 오르는 이유가 이런 이유이지 않을까 싶습니다. 한 공간에서 좁은 동선으로 미동 없이 일을 하면 밖에서 봤을 때는 매장이 죽어 보입니다. 공간의 크기에 관계없이 매장을 헤집고 활기차게 일하는 모습이 바로 손님을 모으는 비법입니다. 분주하게 포장을 하고, 다른 손님을 상대하고, 상품 진열을 하는 판매자의 모습은 아무것도 하고 있지 않은 판매자에 비해 아주 강력한 힘을 발휘합니다. 이런 행동들은 다른 매장보다 우리 매장을 훨씬 더 활기차 보이게 하고 손님에게는 편안하게 느껴지기 때문에 손님이 더 오래 머물게 되는 효과가 있습니다.

거기에 손님이 들어올 때나 손님과 눈이 마주칠 때마다 30년 만에 만난 친구처럼 반가워하며, 큰 인사 소리가 매장에 울려 퍼지게 하면 훨씬 더 활기차 보이지 않을까요? 일반적으로 손님들은 다른 손님에게 향한 목소리에 끌리기 마련입니다. 손님이 오실 때, "어서 오세요, 아무거나 오천 원입니다."를 외치고, 손님이 고르는 중간중간 무심한 듯 제 일을 하며 "아무거나 오천 원입니다. 구석구석 골라보세요, 아무거나 오천 원!"을 늘 외칩니다. 이게 아무것도 아닌 것 같지만 이런 목소리가 매장 전체에 울려 퍼질 때 손님들은 한 번 더 옷을 보게 되고, 한 번 더 옷에 손을 대게 됩니다. 물론 손님이 다가와도 하던 일을 멈추지 않고 계속하며 먼저 다가가 말을 걸기보다 그저 내 할 일을 하며 제 반경에 고객을 계속 머물게만 합니다.

장사가 잘되지 않더라도 늘 바쁘고 잘되는 매장처럼 연출하는 것이 반드시 필요합니다. 부자가 되려면 부자처럼 행동하라는 말처럼, 잘되는 매장이 되려면 잘되는 매장처럼 보이게 하면 됩니다. 늘 바쁘게 움직이는 직원과 사장, 늘 쌓여 있는 택배, 무심한 듯 자신의 할 일을 하는 직원과 사장. 매장을 열고 무엇보다 성실과 열정으로 매장을 운영하는 것도 중요합니다. 그리고 거기에 내 인생을 연출하듯 나의 매장도 잘나가는 매장으로 연출하는 약간의 Show도 없어서는 안 되는 필수 요건입니다.

매장 10개
만들기는 어떻게?

구제의류라는 타이틀 안에서 오랜 시간 활동을 하다 보니 어느샌가 주변에 같은 업에 종사하시는 사장님들과 자연스레 친분이 쌓였습니다. 매일 가는 도매 거래처 사장님들도 계시지만 특히 매일 물건을 하러 다니며 마주치는 여자 사장님들과는 언니 동생을 할 정도로 친해진 분들도 많습니다. 서로 더 좋은 제품을 해가야 하는 경쟁자라는 관점에서 보면 눈인사도 안 할 정도로 살벌하게 지내야 하는 게 맞지만 이 험한 구제 옷 장사를 해내고 있다는 동질감을 가지고 서로를 바라보면 또 그것만큼 애틋한 관계가 없습니다.

여자가 구제 옷 장사를 하면 남편이 일을 안 한다는 말이 있을 정도로 이 일을 하시는 여자 사장님들 중에는 생활력 게이지가 이미 하늘로 숫구치신 분들이 많습니다. 남편이 많은 돈을 가져다주지 못해 가정경제를 책임지기 위해 장사를 시작하시는 분들이 많다 보니 당연한 결과일지도 모릅니다. 그래서인지 매장을 하면서 다른 일을 병행하시는 사장님들도 있고 아예 매장을 두세 개씩 운영하시는 분들도 많습니다. 매장을 운영할 여력이 안 되시는 분들은 프리마켓이나 장을 나가시는데 그분들마저도 그걸로 끝나는 게 아니라 각종 온라인마켓을 이용해 제품을 판매하십니다.

특히 온라인 쪽을 하시는 분들은 옥션은 물론 중고나라, 맘카페, 당근마켓 등 중고사이트라면 어디든 들어가 계시는 분들이 대부분입니다. 그래서 어쩌면 더 통하는 건지도 모르겠습니다. 구제 옷을 파는 모든 여자 사장님들이 다 그런 건 아니지만 끼리끼리 모인다 했던가요? 우연히 말 한마디 걸었는데 뭔가 나랑 너무나 비슷한 인생길을 걸어온 모습에 급작스레 친해지고 만난 지 얼마나 되었다고 집안 얘기하다 울고, 남편 얘기하다 울고, 그렇게 친해진 사장님들끼리는 물건을 하러 가서도 수다 삼매경에 빠질 때가 많습니다. 이 책에도 제 삶의 수다가 밴드 관련 기술보다는 많은 건 독자들이 제 이야기에 동질감을 느끼며 한마음이 될 수 있다는 생각이 들기 때문입니다.

남편 꿈이 셔터맨이라는 이야기로 시작해 지난주에는 어디서 얼마를 팔았는지, 명품이 걸려서 얼마에 팔았는지 등등 대화의 소재가 끊이지 않던 사장님들이었는데 요즘은 만날 때마다 한 가지 주제로 시작해서 한 가지 주제로 끝나는 경우가 많습니다. 코로나는 대체 언제 끝나는지, 이번 주는 주변 상가 몇 개가 문을 닫았는지 등 대부분의 이야기가 코로나 이전의 상황과 이후의 상황들로 채워집니다. 평소 고민이 그대로 튀어나오는 거죠. 그중 가장 많이 하는 이야기가 코로나 이후 오프라인 매장의 매출에 관한 이야기인데 사실 이런 이야기들이 나올 때면 함께 계신 사장님들께 미안한 생각이 들어 슬그머니 대화에서 빠지게 됩니다. "사장님, 요즘도 여전히 잘되시죠?"라는 말에는 씩씩하게 "그럼요, 잘되고 있어요. 잘돼도 못돼도 다 잘된다고 말해요."라고 말은 하지만 사실 전 진짜 잘되고 있습니다.

그 질문을 하시는 사장님이 잘 안 되는 상황인 걸 알기에 그렇게 말은 하지만 사실 진짜 저의 사업은 코로나 이후 완전한 전성기에 돌입했습니다. 처음 창업을 하고 매장에 손님이 너무 없어 시작하게 된 온라인 매장들이 지금 이렇게 또다시 큰 힘이 되어주고 있다니 늘 감사 감사 또 감사할 뿐입니다. 이런 경험 때문인지 창업 컨설팅을 받으시는 사장님들께도 늘 매장을 늘리라고 강조합니다. 매장은 한 개여도 좋고, 두 개여도 좋고, 세 개여도 좋고, 10개라면 더할 나위 없이 좋은 게 사람 마음일 겁니다. 그런데 요즘처럼 하루 만 원도 팔기 힘든 상황에 10개의 매장이 나에게 있다면? 마냥 좋아할 만한 상황이 아니라는 표현보다는 참혹하고 죽을 지경이라는 말이 어울릴 것입니다.

그런데 이런 상황에서도 10개의 매장을 갖고 있고, 그곳에서 하루 만 원이건 10만 원이건 매출이 나오고 있고, 심지어 월세라고는 구경도 못 하는 완전 공짜에 하루에도 몇십만 명이 몰려오는 엄청난 중심 상권의 매장 주인이 나라면, 기분이 어떨까요? 그게 가능한 일일까요? 그런 매장이 있기나 한 걸까요? 있다 해도 그런 엄청난 매장을 소유하려면 도대체 재력이 얼마나 있어야 하는 걸까요? 그런데 놀랍게도 이런 매장을 10개 운영하는 데 필요한 것이 고작 손바닥만 한 핸드폰 하나와 자신의 손가락 두 개뿐이라면? '아니, 그런 사기가 어디 있어?'라고 하지만 이건 실제상황이고 이미 많은 사람들이 이런 매장을 가지고 있고 저와 늘 수다를 떠는 사장님들 중에도 상당수가 이런 매장을 운영하고 계십니다.

그럼 이 매장은 어디에서 찾을 수 있고, 어떻게 내 것으로 만들 수 있을까요? 지금 자신이 가지고 있는 핸드폰을 한번 보세요. 그리고 검색창에 당근마켓을 검색해보세요. 지시에 따라 가입을 하고 그곳에 내가 안 신는 신발 하나를 올리는 겁니다. 이렇게 지금 하나의 매장이 내 것이 되었습니다. 우리 동네 몇만 명의 사람이 내 상점에 제품이 올라올 때마다 자동으로 제품을 봅니다. 세상에 이런 좋은 매장이 또 있을까요? 또 하나를 검색해봅니다. 중고나라입니다. 마찬가지로 이곳에도 내가 가진 무언가를 올려봅니다. 100만 명의 고객이 오고 가는 매장이 또 하나 생겼습니다. 이제 나의 매장은 두 개입니다. 그리고 또 검색을 합니다. 헬로마켓, 번개장터, 쿠팡, 지역 맘카페까지 마음만 먹으면 이런 매장을 100개라도 만들 수 있습니다. 요즘은 그립, 엔라이브쇼핑 등 다양한 라이브방송까지 등장해서 우리가 돈을 버는 일은 점점 더 쉬워지고 간단해지며 다양해지고 있습니다.

이런 매장을 손쉽게 운영하는 예로 정말 추천하는 방법은 아니지만 한 사이트에서 아무것도 안 하고 갭 차이로 돈을 버는 방법도 있습니다. 예를 들면 당근마켓에서 어제 5,000원에 아주 헐값에 산 아기 유모차를 깨끗하게 닦아서 15,000원에 다시 판다든지, 급하게 나온 금을 사서 오를 때 산다든지, 시세보다 싸게 산 명품을 잘 세팅해 판다든지 하는 소소한 N잡러들도 생기고 있습니다. 이 경우 상도에 어긋나는 거 아니냐, 사기 아니냐, 재판매 행위는 막아야 한다고 말하는 분들도 계시지만 쿠팡, 옥션만 가 봐도 같은 디자인, 모델명, 제조사까지 같은 제품을 여러 명이 팔며 가격도 모두 제각각입니다. 심지어 어떤 사람은 옥션의 제품을 고대로 쿠팡으로 옮겨와 더 비싸게 파는 경우도 있습니다. 대한민국은 자유경제 시장이고 본인들 생각에 그 가격이 합리적이라고 느끼면 구매를 하는 것이기에 재판매 행위는 제 기준에서는 나쁜 경우라고는 보고 싶지 않습니다.

어쨌든 이런 경우에도 저는 당근마켓이라는 초대박 상권에 매장을 갖고 있는 사람이 됩니다. 어려움을 이겨내고 가난에서 탈출하려고 노력했던 많은 사장님들의 뚝심과 순발력이 있었기에 모두가 힘들어 죽겠다는 이 코로나 상황에도 택배를 싸느라 죽겠다는 사장님들이 나올 수 있습니다. 직원을 뽑을 때도, 사람을 사귈 때도 얼마만큼 힘들어 봤고 그 힘든 순간을 어떻게 탈출했는지 그리고 그런 탈출의 경험이 얼마나 있는지가 제가 사람을 보는 가장 큰 부분입니다. 힘든 순간을 이겨내 본 사람은 무언가가 다릅니다. 길이 막히면 길을 만들고, 바람이 불면 바람의 방향에 몸을 맡기고, 폭풍이 내리치고 비가 거세게 오면 그 속에서 춤추는 법을 익힙니다. 하늘에서 뚝 떨어지는 그 순간마저도 난 이제 죽었구나가 아니라 어디로 떨어져야 살 확률이 높아질까를 생각하며 떨어집니다. 그것이 힘든 순간을 이겨내는 지혜를 가진 사람과 그냥 안주하고 포기하는 사람의 차이일지 모릅니다.

초창기 사업을 시작할 때, 매장에 손님은 없고 멍하니 있기 싫었던 그때, 그때부터 전 10개의 매장을 가진 사장이 되었습니다. 맘카페는 물론 중고장터가 있는 모든 카페에 들어가 등업을 하고 제품을 올렸습니다. 그러다 앱을 알게 됐고 번개, 헬로, 옥션 등 모든 중고거래 앱을 깔고 활동했습니다. 그러다 밴드를 알게 됐고, 중고거래 밴드에서 활동했고, 그러다 내 밴드를 만들었고, 지금은 만사천 명 밴드의 쥔장이 되었습니다. 하지만 이것이 끝이 아닙니다. 정체된 매출을 올리기 위해 밴드 라이브방송을 시작했고, 라이브방송으로 현재 매출액 최고치를 찍고 있습니다. 하지만 이것 역시 끝이 아닙니다. 현재 저는 더 큰 시장의 라이브방송을 준비하고 있습니다. 돈도 들지 않고 목도 좋은 매장들입니다. 매일 이런 멋진 매장을 하나씩 나에게 선물한다면 10년 뒤 어떤 멋진 일이 생겨 있을지 저 스스로도 너무 궁금합니다.

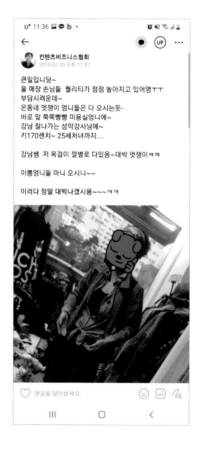

손님을 나의 팬으로

어떤 마케팅 강의에서 이런 이야기를 들었습니다. 그분의 말씀도 제가 말한 가두리어장과 별반 차이가 없었는데 요점은 나의 집을 만들어야 한다는 내용이었습니다. 대부분의 SNS가 타임라인이다 보니 시간이 지나면 다른 글에 묻혀 위로 올라가기에 좋은 자료를 올려도 시간이 흐르면 사라져버린다는 내용으로 본인만의 사이트를 꼭 운영하라는 이야기였습니다. 나의 집, 나의 가두리어장, 나만의 홈페이지나 카페 등을 만들었을 때 나에게 돌아오는 것은 무엇

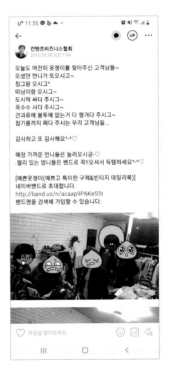

일까? 그리고 그 안에는 어떤 사람들이 담길까?

80년대생 이전의 분들은 기억하실지 모르겠지만 예전에는 학교 앞에 늘 병아리 장사가 있었습니다. 아이들은 학교가 끝나면 늘 그곳에 붙어 병아리를 구경하고 지난번에 사서 금방 죽은 걸 알면서도 또 그 예쁜 노란색에 반해 집으로 들고 오곤 했습니다. 하지만 요즘은 그렇게 학교 앞에서 병아리를 팔면 10분 안에 경찰들이 출동합니다. 동물 학대라며 엄마들이 와서 항의를 하는 일도 있을 것입니다. 이제는 추억 속으로 사라진 병아리 장수. 그 병아리 장수가 다시 나타났습니다. 더 재미있는 것은 병아리 장수가 나타난 곳이 학교 앞이 아닌 온라인 홈페이지였습니다.

병아리만 팔아서 홈페이지가 운영이 될까? 물론 그건 돈이 되지 않습니다. 단순하게 병아리 한 마리만 팔아서는 당연히 남는 게 없습니다. 그래서 아저씨는 병아리 집부터 먹이, 알에서 깨어나게 하는 부화기 등등 병아리를 키우는 데 필요한 모든 것을 팝니다. 이런 걸 누가 살까 싶겠지만 아저씨의 온라인 마켓은 생각 외로 매출이 좋았습니다. 그래서일까요? 얼마 지나지 않아 비슷한 경쟁업체들이 많이 생겨났고 사람들은 비교를 해가며 더 싸고 혜택이 좋은 곳으로 옮겨갔습니다.

이 병아리 아저씨는 어장도 만들고 사람도 넣었는데 왜 그런 일이 생기는 걸까? 경쟁사의 출몰에 흔들린 걸까요? 사람들은 병아리를 파는 홈페이지를 압니다. 그러나 이 홈페이지의 주인이 어떤 생각을 가지고 있고 어떤 사람인지는 생각하지 않습니다. 사람들은 홈페이지에 들어오고 병아리와 비품을 사되 그 홈페이지의 주인장이 누구인지 관심이 없습니다.

그래서 다른 경쟁업체가 생겼을 때 쉽게 이동을 합니다. 만약 이 병아리 가게를 이름 없는 아저씨가 아니라 개통령 강형욱 님이 운영을 했다면 어땠을까요? 이미 많은 팬덤이 생성되어 있기에 당연히 경쟁사가 생겨도 흔들리지 않습니다.

그렇다면 강형욱 님은 언제부터 그렇게 인정받고 알려지고 사랑받게 되셨을까요? 처음 애견사업을 할 때 그의 이름을 아는 사람은 한 명도 없었습니다. 고객도 없고 막막했던 그때, 돌파구를 찾은 것이 바로 자신을 브랜딩하는 일이었습니다. 카페를 만들고 칼럼을 쓰고, 그걸 모아 책을 내고, 책을 본 기관에서 강의를 하고, 강의를 하다 보니 TV에 나오게 되고, 그러다 보니 사람들이 그를 알게 되고 알게 되니 친근해지고 믿음이 가고 그래서 강아지 훈련을 그에게 맡기고 싶어집니다. 그 사람의 잘되는 모습에 이후 비슷한 곳이 많이 생겼지만 여전히 그는 원탑입니다. 강아지 훈련이 조금 생소했던 시절 창업을 해 자신의 자리를 만들고 브랜딩했기에 지금 탑이 된 것처럼 고객을 나의 팬으로 만드는 일은 장사를 포함 모든 사업을 하시는 분들에게 꼭 필요한 작업입니다.

물론 돈을 주고 팔로워를 사들이거나 가짜 댓글들을 달거나 가짜 후기를 만들라는 말은 절대 아닙니다. 그런 일시적인 작업들이 지속적인 팬덤 형성에 도움이 된다고 생각할지도 모르지만 제 생각은 조금 다릅니다. 어차피 가짜는 가짜일 뿐, 그 안에는 진정성이나 어떤 에너지가 모이기 힘듭니다. 그렇게 형성된 거짓 팬덤은 일시적으로 나에게 도움이 되는 듯 보이겠지만 장기적으로 봤을 때는 결코 이득 되는 일이 없습니다. 아주 어린 치어 시절부터 정성을 들여 키운 나의 순수 어종과 어디서 들여온지 모르는 알 수 없는 외래종들이 난무하는 어수선한 어장 중 어떤 어장이 나에게 더 큰 수익을 줄지 생각해보십시오. 크고 보기 좋은 외래종들이 가득한 어장은 활기차 보이고 풍성해 보일 수 있습니다. 그러나 국산 어종에 익숙한 고객들이 막상 횟감을 구매할 때는 분명 익숙한 국내산 어종이 있는 어장의 물고기들을 선택할 것입니다.

외래종 어장이 잠시 잠깐 고객 몰이를 할 수는 있겠지만 결국 지속적으로 수익을 만들어내는 어장은 치어부터 정성 들여 키운 국내산 어장일 겁니다. 저는 실수가 많은 사람입니다. 저는 실수가 아주 많은 사람입니다. 말하는 대로 되는 걸 믿기 때문에 앞으로는 이 말도 하지 않겠지만 그러기 전에 한 번 더 말합니다. 저는 실수가 아주 아주 많은 사람에 덜렁이 중에서도 왕덜렁이에 속하는데 건망증은 이미 중증 중에도 상중증에 속합니다. 핸드폰으로 통화를 하며 핸드폰을 찾을 정도이니 나의 정신머리는 알 만한 사람은 다 아는 정도입니다. 그런 제가 옷을 판매합니다. 그것도 대부분의 매출이 온라인 마켓에서 나옵니다. 이게 팬덤과 무슨 상관일까요? 저는 사진을 찍어 밴드에 올리고, 라이브방송으로 옷을 팝니다. 저는 그 일이 즐겁고 재미있습니다. 제 옷을 좋아해주시고 항상 기다려주시는 제 고객들에게 그 옷을 소개하는 그 시간이 너무나 소중하고 즐겁습니다. 여기까지는 아주 즐겁고 행복합니다. 그렇다면 그 이후는 즐겁지 않다는 말일까요? 즐겁지 않은 정도가 아니라 너무 괴로운 순간들이 저를 기다리고 있습니다.

신나게 방송을 끝내고 나면 소개한 옷들의 사진을 찍어야 하고 찍은 옷을 각 고객님들과의 채팅으로 보냅니다. 여기까지도 즐거운 소통의 시간이라 생각하면 얼마든 할 수 있는 일, 그러나 진짜 일은 이때부터 시작됩니다. 보낸 옷들이 얼마인지 정산서를 넣어드려야 하고 다음 날 입금을 확인하고 각 주소지로 보내드려야 합니다. 덜렁이인 저에게 가장 어려운 숙제의 시간입니다. 계산이 틀리는 건 다반사고, 사진을 바꾸어 보내는 건 애교, 아예 옷을 바꿔서 보내거나 착각을 하고 옷을 보내지 않거나 분실하거나 등등 포장 배송 과정에서 무수히 많은 사건 사고들이 터집니다. 처음 방문을 하신 분들이 이런 일을 겪으실 때는 아주 많은 당황스러움을 감추지 못하시고 화를 내시거나 탈퇴를 하는 분들도 계십니다. 그러나 저라는 사람을 몇 년이나 보아온 찐 단골 고객님들은 힘들게 얻어낸 옷들이 중간에 사라지거나 바뀌어도 '아이고, 얘가 또 정신 못 차렸구나.' 생각하시고 금액 정립 후 자연스럽게 다른 옷을 고르십니다. 물론 지금은 그런 실수를 줄이기 위해 배송을 따로 하는 직원을 뽑아 운영을 하고 있지만, 중요한 것은 오랜 시간의 실수에도 끝까지 남아주신 찐 단골님들이 계시기에 지금의 만 명 밴드가 존재한다는 것입니다.

누구나 만 명 밴드를 만들 수는 있습니다. 광고를 돌리거나 돈을 쓰면 만 명 아닌 10만 명 밴드를 만들 수도 있습니다. 그러나 그 10만 명의 사람들이 모두 저의 팬은 아니며 모두가 제 스타일을 좋아해줄 리도 만무합니다. 그런 관점에서 보면 10만 명 밴드의 주인이지만 막상 저와의 끈끈한 유대감이 없이 그냥 왔다 가시는 분들이 많은 그런 밴드의 주인장보다는 만 명이 아닌 천 명, 아니 100명이 있더라도 저의 처음과 시작을 알고, 저의 성장 스토리를 알고, 그 스토리에 공감해주고 지지해주는 진짜 저의 팬이 존재하는 그런 밴드의 주인장, 그런 커뮤니티의 주인장이 더 성공한 거라고 감히 말하고 싶습니다. 저를 알고, 저의 스토리에 공감해주고 저의 스타일을 사랑해주는 진정한 팬이 많은 곳은 어떤 업종이든 결코 쉽게 망하거나 사라지지 않습니다. 그것은 제가 증인이므로 확실하게 말할 수 있습니다.

나만의 색깔 찾기

〈거래처 사입 후 식사〉

같은 옷을 팔더라도 남성복인지, 여성복인지, 아동복인지에 따라 굉장히 많은 부류로 나뉩니다. 성별뿐 아니라 수입 명품인지, 동대문 보세인지 또는 구제의류인지 여기서도 또 많은 카테고리로 나눌 수가 있습니다. 만약에 어떤 제품을 팔거나 매장을 하고 싶다면 일단은 여기에 대한 명확한 확립이 필요한 것 같습니다. 사람마다 관심 분야가 다르듯, 옷을 판매하시는 사장님들도 본인이 좋아하는 장르가 모두 다릅니다. 이 많은 카테고리 중 고르고 골라 구제의류라는 카테고리를 선정했다 해도 여기서 끝이 아닙니다. 매장을 내거나 온라인 숍을 내기 전에 반드시 내가 어떤 옷을 좋아하고 어떤 식의 판매를 할 것인지에 대한 충분한 생각이 필요합니다.

각종 언론매체에서 연예인들이 구제의류를 입고, 집하장이나 동묘 등을 가는 방송들이 나오고 유명 유튜버들이 구제 도매 거리 영상을 찍으며 구제의류에 관심이 없던 사람들도 구제에 관심을 갖게 되고, '어? 나도 한번 입어볼까?'에서 '어? 나도 한번 팔아볼까?'라고 생각하는 사람들이 많아지고 있습니다. 일단 초기 창업비용이 거의 발생하지 않고, 접근성이 쉽다는 이유로 많은 분들이 구제의류 사업에 뛰어들고 있습니다. 그러나 평상시 자신이 어떤 스타일의 구제의류를 입고, 어떤 스타일의 옷을 좋아하고 판매하고 싶은지가 명확하지 않은 분들은 창업 후 많은 어려움에 봉착합니다.

일단 여자 옷이 잘 팔리니까 여자 옷을 선택하고 제 나이가 40이니까 40대 아줌마들이 좋아할 만한 옷으로 타깃을 정했다고 칩시다. 그러나 매장을 오픈한 곳은 홍대이고 홍대에는 젊은 사람들이 대부분이라 아줌마 옷은 나가지 않습니다. 이럴 때는 보통 매장의 콘셉트를 바꿔 20대 여성들에게 인기 있는 옷으로 매장을 채우게 되는데 여기서부터 문제가 발생하기 시작합니다. 저는 40대의 아줌마입니다. 아줌마들이 입는 데일리를 좋아합니다. 그러나 이곳은 20대들이 많은 곳이고 그래서 20대들이 좋아하는 옷을 가져오기 시작했습니다. 누가? 40대인 제가! 여기서 생각을 잠간 바꿔보면 40대인 제가 60대 여사장님의 매장에서 얼마만큼의 옷을 살수 있을까요? 60대 여사장님이 저를 위해 요즘 40대 아줌마들 사이에 유행하는 레트로풍 꽃무늬 원피스를 가져왔다며 즐겁게 권해주십니다. 자, 그 옷이 과연 나의 마음에 들까요?

같은 꽃무늬라도 크기가 다르고 종류가 다르고 컬러가 다르고 배색도 다릅니다. 꽃무늬라고 다 같은 꽃무늬가 아닙니다. 20대들의 꽃무늬가 있고, 40대들의 꽃무늬가 있고, 60대 이상의 꽃무늬가 있습니다. 아주 미세한 차이로도 각 연령층이 좋아하는 디자인이 다르게 나올 수 있습니다. 그런 시장에서 40대 감성으로 20대 젊은 여성의 취향을 맞춘다는 것은 결코 쉽지 않은 일입니다. 심지어 평상시 자신은 입지도 않는 그런 스타일이라면 고객에게 추천을 못 해 줄 뿐만 아니라 제품 판매에 있어서도 자신감이 떨어집니다. 그렇다면 어떻게 해야 할까요? 40대인 제가 홍대에 구제매장을 오픈한다면? 저라면 그냥 제 눈에 예쁜 옷을 가져다 놓겠습니다.

사람의 생각은 모두 다르고, 스타일도 모두 다릅니다. 그 많은 사람들의 취향과 스타일과 생각을 과연 모두 맞출 수 있을까요? 답은 누구나 알고 있듯이 당연히 그럴 수 없습니다. 그렇다면 어떤 방법이 가장 좋을까요? 세상 사람의 생각이 모두 다르기에 누구에게나 베스트가 될 수는 없지만 최소한 나에게 베스트 방법은 내 스타일의 옷, 내가 좋아하는 옷, 내가 입고 싶은 옷을 가져다 두는 것입니다. 홍대라고 아줌마들이 안 가는 것은 아닙니다. 내가 좋아하는 내 스타일의 옷을 가져다 놓아야 고객이 왔을 때 추천해주기도 쉽고, 내가 아는 분야의 어떤 것들이 설명하기 쉬운 것처럼 의류 역시 내가 잘 알고 좋아하는 스타일이어야 고객에게 설명하기도 권하기도 쉬워집니다. 그렇게 내 스타일을 좋아하는 사람들, 나와 스타일이 비슷한 사람들이 단골이 되고 그 단골이 또 다른 고객을 소개해주고, 그런 선순환의 연속으로 매장이 성장해 나가는 것입니다.

　결코 모두를 만족시킬 수 없습니다. 그 사실을 빠르게 인정하고 자신이 좋아하는 스타일과 콘셉트의 옷들을 파악하고 그런 스타일의 옷으로 사업을 시작하는 것이 좋습니다. 예쁜옷쟁이 밴드를 찾아주시는 대부분의 고객님들은 평범한 옷을 잘 안 입으시는 분들입니다. 오죽하면 매장에 손님이 오서서 하시는 말씀이 "왜 이 집에는 멀쩡한 옷들이 없어?"였습니다. 소매 한쪽이 짧거나 어깨 한쪽이 없거나 여기저기 찢어져 있거나 반짝반짝한 스팽글들이 무더기로 붙어 있거나, 속이 훤하게 보이거나, 레이스며 패치가 주렁주렁 달린 옷들뿐이니 평범한 옷을 좋아하시는 분들에게는 당연히 이상해 보일 수밖에, 그런 고객님들이 나가실 때는 이런 말씀을 하며 나가십니다. "멀쩡한 옷 좀 갖다 놔."

　참 신기한 것은 제 눈에는 모두 멀쩡해 보인다는 겁니다. 심지어 너무 예뻐 반짝반짝 빛이 날 정도입니다. 여기에 제 무기가 있습니다. 저와 같이 이런 옷들이 빛나 보이는 사람들, 그런 분들이 제 고객입니다. 제품 사입을 갈 때 누구도 가져가지 않는 옷들을 전 너무 행복해하며 가지고 옵니다. 제 눈에는 그 옷들에서 반짝이는 빛이 나기 때문입니다. 남들이 보지 못하는 반짝임이 제게는 보입니다. 그 반짝임이 함께 보이는 분들이 제 고객이 됩니다. 그러니 늘 무언가 판매를 할 때는 제 눈에 반짝이는 것을 팔아야 합니다. 그 반짝임을 함께 볼 수 있는 분들이 나의 고객이 되고, 그런 분들은 결코 이탈하지 않습니다.

BAND

PART 6

기쁨이 모이는 곳에
돈이 모인다

저는 제 가게에 오시는 손님에게 뭐 하나라도 더 주려고 합니다. 제 가게에서 차 한잔하며 마음 놓고 수다를 떨고 힐링이 되게 합니다. 일은 즐거워야 합니다. 사장님들이 즐거워야 손님도 즐겁습니다. 인사도 크게 하고 아이가 매장에 오면 인형 선물도 줍니다. 저는 주어진 이 순간에 감사하며 삽니다. 저만의 기쁨 에너지로 손님을 모읍니다. 네이버밴드에서도 실시간으로 여러분들의 팬덤에게 그 기쁨을 전할 수 있습니다. 그러면 어느새 여러분의 통장도 활짝 웃음을 지을 겁니다.

마음을 파는 옷 장사

저는 의사가 아닙니다. 그렇다고 전문적인 심리상담가도 아닙니다. 그럼에도 제 매장을 찾은 많은 분들이 이곳에 오면 편안해진다고 말씀하십니다. 제가 하는 것은 그저 함께 웃어주고, 들어주고, 떠드는 일밖에 없음에도 나의 소중한 고객님들은 이곳에서 힐링이 된다고 말씀하십니다. 어찌 보면 까르르 크게 웃는 이 웃음소리가 누군가에게는 시끄러운 민폐가 될지도 모르지만 제 매장에 오시는 분들은 이 웃음소리가 좋아 오신답니다. 듣고 또 듣고 싶다고, 웃음소리에 중독되었다는 말씀도 하십니다. 사실 가끔 웃음소리나 목소리가 너무 커서 스스로 맘에 들지 않을 때가 있는데, 제가 아닌 다른 분들이 이 웃음을 좋아해주시니 너무나 행복한 일입니다. 이렇게 늘 제가 주는 것보다 받는 것이 더 많음에도 늘 고객님들은 나를 통해 힐링을 한다며 감사의 인사를 해주십니다. 무엇이 그분들의 마음에 나라는 사람에 대한 감사를 넣어드린 것일까요?

사실 누구나 아는 사실이지만 옷가게에 가는 이유가 꼭 옷이 필요해서만은 아닐 것입니다. 물론 어떤 목적에 의해 옷을 사러 오시고 또 바로 가시는 손님들도 계시지만, 어떤 손님들은 옷이 아닌 마음, 혹은 누군가의 시간이나 시선을 사고 싶어 방문하기도 합니다. 코로나로 친구, 친척도 제대로 만나지 못하는 요즘은 더욱더 사람이 그리울지 모릅니다. 그런 때, 집 앞 몇 분 거리에 소통을 할 누군가 있고, 그곳에 가면 나를 반기는 사람이 있고, 거기에 낯선 사람들과 웃으며 이야기까지 할 수 있는 공간이 있다는 건 어찌 보면 큰 위안이 될지도 모르겠습니다. 어떤 때는 매일 밤 술 마시고 들어오는 신랑 이야기를 하고, 또 어떤 날은 나를 배신한 친했던 동생 이야기에 울분을 토하고, 또 어떤 날은 이런저런 좋은 일들을 자랑하고, 그렇게 언제라도 가면 그곳에 나의 이야기를 들어 줄 사람이 있다는 사실이 누군가에는 큰 위안이 될 겁니다.

예전에 읽었던『오제은 교수의 자기사랑노트』에 이런 이야기가 나왔습니다. 고통받는 이를 판단하거나 해석하거나 가르치려 하지 않고, 단순히 그 사람의 고통이 덜어졌으면 하는, 순수한 의도와 사랑 가득한 가슴으로 그 고통을 알아주고 들어준다면 거기에서는 반드시 치유가 일어난다는 겁니다. 저는 이 구절을 매번 읽고 또 읽습니다. 옷가게를 한다는 것은 어찌 보면 매일 많은 사람들과 크고 작은 인연을 맺고 이어나가는 일일지도 모릅니다. 그 안에서 때로는 누군가의 잘잘못을 따지고 싶을 때도 있고, 지적해 주고 싶어질 때도 있으며, 심지어 훈계를 하거나 무언가 바로잡아 주고 싶어질 때도 있습니다. 하지만 그때마다 생각합니다. 이분이 내게 원하는 것이 무엇일까? 진정 나에게 원하는 것이 무엇일까? 생각의 생각을 타고 흐르다 보면 늘 결론은 같은 자리에 머뭅니다. 들어주기.

저는 제 매장을 찾는 분들과 차를 마시고 대화를 합니다. 가끔 지적을 하거나 무언가 이야기해 드리고 싶은 것들이 있지만, 마음을 다잡으며 웬만하면 그분들의 이야기를 끝까지 들어드립니다. 저의 매장에 오시는 모든 분들이 상처를 받고 오시는 건 아닌지도 모릅니다. 그러나 긴 삶의 여정 속에 크고 작은 상처가 생기고 지워지며 풀리지 않는 무언가가 있었을지도 모릅니다. 그런 와중에 우연히 제 매장에 발길이 닿았고, 우연히 저와 대화를 하게 되었고, 그 우연이 인연이 되어 매일 이곳을 방문하게 된 겁니다. 인연이 만들어지는 과정 중에 오간 무수히 많은 대화들로 어쩌면 저도 고객도 서로를 치유해주고 있었는지 모르겠습니다. 오제은 님의 자기사랑노트에 나오는 문구처럼, 상처를 치유하는 데 가장 좋은 것은 한없는 사랑과 이해입니다. 내 이야기를 하기 전에 상대방의 입장이 되어서 그 아픔을 느끼고 상처를 이해하는 것이 대화와 소통의 기본입니다.

말도 잘하고 늘 할 말이 넘쳐나는 저이지만 저를 찾아오는 고객에게는 최대한 많은 시간을 들여 들어줍니다. 즐거운 일, 괴로운 일, 화가 나는 일, 많은 이야기들을 쏟아낸 고객님은 그저 들어주기만 했는데도 만족감을 느끼고 또 거기에 대한 보답으로 예쁜 옷을 사 가십니다. 옷을 사 가시는 것에 그치지 않고 오실 때마다 먹을 것을 한가득 들고 오시거나 라이브방송을 보다 말고 뛰어오셔서 일을 도와주십니다. 그런 인연으로 고객님에서 한 분, 두 분 언니가 되고, 어느 순간 저를 챙겨주시는 고마우신 언니들이 늘 저라는 사람을 채워주게 되었습니다.

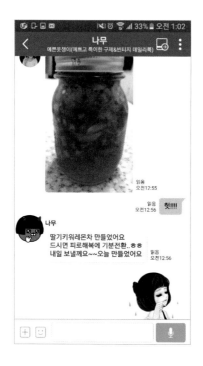

　라이브방송을 하다 저녁이 잡채라기에 "저도 주세요."라는 한마디에
잡채를 한 통 가득 담아 주서서 라이브방송 중 먹방을 한 적도 있습니
다. 밤늦게 라이브방송을 하는 날은 방송 중 오서서 치맥을 사주시기도
하고, 비바람 치는 날 라이브를 하고 있으면 방송을 보시다 뛰어오셔서
바깥의 행거들을 모두 정리해주시고 가시기도 합니다. 이런 분들에게 제
가 어찌 감사하지 않을 수 있습니까. 시시때때로 오서서 매장 청소를 해
주시고, 문 앞에 샌드위치를 두고 가시고, 비 오는 날 막걸리에 김치전을

들고 오시는 분도 있습니다. 언니가 되어버린 고객님들이 제게 주신 모든 것을 나열하려면 10년이 걸릴지도 모를 만큼 받은 것들은 헤아릴 수조차 없습니다. 그럼에도 그 사랑을 받으며 행복해하는 제 모습에 더 행복해하시는 분들이 계신다는 것에 늘 감사합니다. 제가 그분들께 해드린 건 고작, 같이 욕해주고, 같이 화내주고, 같이 울어주고, 그러다 한 번씩 웃게 해드린 것뿐인데, 그 작은 것을 드리고 제가 받은 것들은 너무나 큽니다.

옷 한 벌을 산다고 해서 지금 바로 행복해지거나, 무언가 바뀌지는 않을지 모르겠습니다. 제 매장에 오시는 분들도 그 사실을 모르지 않습니다. 단지 조금 우울한 날, 마음이 조금 허한 날, 무언가 떠오르는 기억을 잊고 싶어 다른 것에 집중하고 싶은 날, 그런 어느 날 가볍게 옷 한 벌을 사러 제 매장에 오게 되고, 우연히 말 한마디 건네다 보니 긴 대화로 이어집니다. 세상 떠나가게 웃어대는 제 웃음에 놀라 같이 웃다 보니 이 공간에 머무는 것이 즐거워지고, 그 기억을 갖고, 그 기억에 따라 그날 즐거웠던 이 공간에 다시 오게 됩니다. 저희는 그렇게 인연이 이어져가는 것이 아닌가 싶습니다. 이건 저만의 착각인지 모르지만 이 공간에 오시는 분들은 옷을 사러 오시는 분도 물론 많이 계시지만 그중 가끔은 즐거워지는 이 공간이 좋아 찾아주시고, 그 즐거움의 대가로 옷을 사주시는 것은 아닐까 생각해봅니다. 어쩌면 저는 옷을 파는 것이 아닌 나를 찾아주는 고객님들이 진심으로 행복해졌으면 좋겠다고 생각하는 제 마음을 팔고 있는 것은 아닐까 되돌아봅니다.

고객이 늘 이기는 게임

매일 오후 3시부터 5시, 코로나로 난리인 요즘도 매장은 장 보러 온 김에 옷을 사 가려는 손님들로 정신이 없습니다. 사람들은 늘 저에게 답답하다 하고 바보라고 말합니다. 심지어 제 딸까지도 엄마처럼 장사 안 할 거라 며 화를 내기도 합니다.

"이거 깎아 줘."

"네네."

"이거 뭐가 묻었어. 그냥 하나 줘."

"네네."

"바꿔 갈 게 없어. 현금으로 줘."

"네네."

옷을 20~30벌 기본으로 입어보고, 두세 시간 앉아서 수다를 떨다 가고, 그래도 늘 웃는 저에게 자주 오는 단골손님들은 사리가 나오겠다며 우스갯소리를 하십니다. 물론 매장 문을 열기 전까지 저 역시 다짐을 합니다. 오늘은 절대 안 깎아 줘야지, 오늘은 절대 안 바꿔 줘야지 다짐을 하고, 또 다짐을 합니다. 워낙에 천 원이라도 깎아 주고, 하나라도 더 줘야 직성이 풀리고 맘이 편안해지는 성격인지라 그 다짐은 한 시간을 못 넘기고 무너질 때가 많습니다. 이래 가지고 남겠냐며 주인인 나보다 오히려 손님들이 더 걱정을 할 정도니 제가 얼마나 손님들에게 끌려다니는 바보 같은 사장인지 아는 사람들은 다 압니다. 그렇게 말하는 사람들에게 이건 전략입니다. 저는 장사꾼이고 손해 보는 장사는 하지 않습니다. 다 남으니까 하는 거라고 말해보지만 이미 바보 같은 사장 소리를 듣는 판국이라 저의 전략적 패배는 인정되지 않습니다. 그러나 저에게 영감을 주는 많은 책들 속에 그 답이 있습니다.

사람은 누구나 본인이 지불한 현금보다 더 큰 값어치를 받았을 때 만족해한다는 말, 어느 책에선가 이 글을 보고 또 한 번 세상으로부터 힌트를 얻었습니다. 물건을 살 때, 조금이라도 제가 이익을 본 거래라고 생각이 들어야 기분이 좋습니다. 사람을 고용할 때도 제가 주는 급여와 정해진 시간보다 더 많이 일을 해주거나 같은 시간 안에 더 빠르게 일 처리를 해주는 직원이 있다면 당연히 그런 직원을 더 오래 쓰게 되는 것과 같은 이치입니다. 원체 천성이 그렇고 집안 내력이 퍼 주기 좋아하고 오지랖 넓은 집안이라 그런 것도 한몫할 겁니다. 그러나 그러기 이전에 이것은 어디까지나 전략적 후퇴라고 말하고 싶습니다. 사장이 좀 모자라 보이는 게, 좀 만만해 보이는 게 옷을 사러 오는 고객들에게는 훨씬 더 유리하다는 느낌을 주는 게 아닐까 싶습니다.

그 집 가면 나만 좀 더 싸게 주는 것 같아 내가 특별해지는 것 같고, 5,000원짜리 티를 샀는데 스카프를 얹어 주고, 친구랑 왔다고 옷 한 장씩 선물로 주고, 20,000원이 나왔는데 15,000원 카드로 긁고, 다른 사람 몰래 윙크 살짝 하고 천 원짜리 한 장 건네고, 할머니들 박카스 사드시라고 천 원 더 빼드리고, 그냥 저 집 가면 이 얘기 저 얘기 다 받아주는 통에 집안 얘기, 남편 얘기, 옆집 순희 엄마 얘기까지 다 끄집어내느라 시간 가는 줄 모르겠고… 아무거나 집어 입어도 이쁘다 이쁘다 해 주고, 매장이 엉망이 되어도 옷 거는 게 취미생활이라 하고, 옷을 입었다 벗었다 30, 40번을 해도 웃으며 우리 집 오면 살 빠진다 하고, 뭘 해도 저 집 주인은 맨날 웃고, 그래서 매일 가고 싶고, 또 가면 미안하니 하나 팔아주고 싶고, 주인이 너무 좋아 친구도 소개해 주고 싶고, 그래서 늘 사람이 많고, 사람이 많으니 잘된다고 소문나서 더 사람이 많아지고, 사람이 많아지니 잘 팔리고, 잘 팔리니 제품 소진이 빠르고, 제품 소진이 빠르니 거래처에 가서 많이 사고, 늘 웃으며 많이 사니 거래처 사장님도 더 싸게 주는 곳. 더 싸게 사 오니 더 싸게 팔고, 더 싸게 파니 더 많이 오고, 그렇게 선순환이 되고, 선순환이 되다 보니 재고가 없고 재고가 없으니 옷이 매일 바뀌고, 옷이 매일 바뀌니 새로운 옷이 보고 싶어 매일 오게 되고, 이 모든 것의 핵심은… 주인은 받은 것보다 더 주자는 마음이고, 손님은 제가 준 것보다 더 받았다는 뿌듯함 그 뿌듯함이 사람을 오게 하고 또 오게 합니다.

물론 저에게도 가끔 저를 힘들게 하는 고객이 찾아오고, 한계를 시험하는 분들이 계십니다. 어떤 날은 할머니 한 분이 오셔서 옷을 무더기로 고르시고 그걸 다 입어보시며 다섯 시간 넘게 계시다 나가셨습니다. 나가시는 할머께 정말 화가 나는 걸 꾹 참고 웃으며 "이거 다 걸어주고 가실 거죠?"라고 했더니 그럼 그럼이라는 대답과 함께 빼두신 모든 옷을 다 걸어주셨습니다. 거기에 옷을 정말 잘 거신다고 잘하신다고 칭찬해드리니 다른 분들이 벗어둔 옷까지 모두 걸어주시고는 이사하며 옷 정리하고 싹 장만한다며 오천 원짜리 옷을 10만 원어치나 사 가셨습니다. 물론 10분 만에 브랜드 가죽가방을 하나 사고 오만 원짜리 두 장을 건네고 바로 퇴근하시는 쿨한 손님들도 계시지만 옷쟁이 고객의 기본은 5평짜리를 할 때나 100평짜리를 할 때나 2~3시간이었습니다. 이런 상황을 모두 아는 지인들은 속이 타 들어가겠다며 저보다 더 답답해하지만 이건 모두가 제 자신을 위한 일입니다. 그냥 제 마음 편하게, 다른 사람 편하자는 게 아닌 제 마음이 편한 방법, 모든 것은 저를 위해서 제가 편해지기 위해 하는 행동들입니다.

매장에 오는 혹은 주변의 누군가로부터 스트레스를 받으면 제 마음고생이고 제 몸 고생입니다. 그러니 절 위해 그냥 편하게 대처하는 것이 제가 선택한 방법이었습니다. 다 빨아서 젖은 채 옷을 들고 와도 '그래, 말려서 팔지 뭐.' 돈으로 바꿔 달래도 '그래, 다른 사람한테 팔면 되지 뭐.' 한 장덤으로 더 달래도 '그래, 얼마 한다고.'라는 생각들을 하며 그냥 그렇게 흘려보냅니다. 어느 순간 폭풍처럼 화가 밀려와 정신을 잃을 때도 있지만 저를 위해, 제 몸을 위해 그러려니 흘려보내고 나면 모든 것이 편해집니다. 저의 마음도 저의 삶도….

"이걸 누가 입었던 옷인줄 알아?"라고 딴지를 거셔도 "맞아요~ 저도 처음엔 그래서 못 입었어요." "저도 그랬어요." 하고 먼저 인정해드리고, "오늘 아들이 어쨌네, 시어머니가 어쨌네." 하고 하루 일과를 보고하는 분이 계시면 "어머, 세상에 어떻게~" 하며 맞장구쳐드리는 것, 그것이 저의 장사 전략 중 가장 핵심 전략입니다.

고객의 어떤 말에 "그건 아니고요, 그게 아니에요, 무슨 말씀하시는지는 알겠는데 그건 이거예요."라고 반박하고 이긴다 해도 저에게 돌아오는 어떤 큰 보상은 없습니다. 그러니 가능하면 고객이 이기는 게임을 해 보는 게 어떨까요? 어떤 방법이 최선인지, 어떤 방식의 운영을 할지 그것은 어디까지나 각자의 몫이지만, 어디로 매장을 옮겨도 "이 집만 손님이 바글바글해." 소리를 6년째 듣고 있으니 저의 방법도 나쁘지만은 않은 것 같습니다. 고객이 제가 준 현금보다 더 많은 가치를 받았다고 느낄 때, 그 가치가 감정이 되었든 물질이 되었든 간에 장사는 자동으로 잘될 수밖에 없습니다. 어느 국밥집 직원이 사장이 너무 미워서 망하라고 막 퍼 줬는데 오히려 대박집이 되었다는 이야기와 명동에 어떤 옷가게 직원이 장사가 너무 안되어서 장난으로 50,000원에 0을 하나 더 붙였더니 불이 나게 팔렸다는 이야기가 있습니다. 한쪽은 같은 값에 엄청 많이 먹었다는 만족감을 주었고, 또 한쪽은 고가의 좋은 제품을 싸게 구입했다는 만족감을 주었습니다. 상황은 다르지만 이 이야기들이 말하는 핵심 역시 고객이 본인이 준 현금보다 많은 가치를 받았다고 느끼는 것에 있습니다. 그 만족감이 어디서 오는 것이든, 이득을 봤다는 생각은 사람을 기분 좋게 만들고, 사람들은 자신을 기분 좋게 만들어주는 그 장소에 다시 가고 싶어 합니다.

기쁨이 모이는 곳에
돈이 모인다

〈지하철 100평 매장 당시 사진〉

즐거움이 곧 돈이라는 그 말. 한 달도 버티기 힘들다는 지하철 매장에서 일 년이란 시간을 버티고 그곳의 손님들이 머나먼 일산까지 단체로 쇼핑을 오는 이유가 뭘까요? 그 매장의 무엇이 그렇게 사람들을 다시 오고 또 오고 또 오게 만들었을까요? 퇴근 시간이 되면 늘 옥수수, 도넛, 과자 심지어 라면, 애호박, 양파까지 쌓여 있게 만들던 그 이유가 뭘까요? 단골

없이 뜨내기장사가 원칙인 지하철 매장에서 매출의 80% 이상을 단골들이, 그것도 가끔 한 번이 아닌 매일 출근 도장을 찍게 만든 그 이유가 뭘까요? 한 번 오면 두세 시간씩 그냥 붙어 있게 만들고 그 모습에 사람이 들어오고 또 들어오는 그 이유는 또 뭘까요? 무엇이 사람들을 지하철 매장에 묶어두고 계속 오게 만드는 걸까요?

지하철 매장의 기본 수명인 6개월을 넘기고 1년이라는 장기간 계약을 끝으로 문을 닫던 날, 모든 단골들이 모여 음악을 틀고 노래를 부르고 사진을 찍고 결국은 울며 헤어지던 그 상황들을 만들어낸 이유도 궁금합니다. 이 매장이 없어지면 우울증이 걸릴 것 같다며 울던 그 손님들을 만들어낸 이유는 과연 뭘까요? 사람들은 저의 매장에서 무엇을 사 갔던 것일까요? 단순히 옷만을 사 갔다면 그렇게 매일 그것도 그 긴 시간을 오지 못했을지도 모릅니다. 그렇다면 사람들은 매장의 무엇을 사기 위해 매일 왔던 것일까요? 매일매일 오는 친한 언니, 동생 사이가 되어 버린 우리는 출퇴근길에 들어서면서부터 손을 높이 들고 맞장구를 치며 10년 만에 만난 사람처럼 반가워했습니다. 이쁜 옷을 입으면 이쁘다고 격하게 칭찬해주고, 그것도 댓 명이 동시에 둘러싸고 칭찬 세례를 퍼부어주고, 서로서로 옷을 골라주고, 어울리지 않는 옷은 지적해 주고, 많이 산 날은 몇 개 더 선물로 주고 깎아달라고 찡긋 하면 알아서 깎아주고, 가끔 명품이 들어오면 핸드폰으로 검색하고 깎아달라 못 깎아준다 실랑이하고, 교환을 밥 먹듯이 하는 언니에게 오늘까지라고 핀잔주며 또 바꿔주고, 매일 새 옷 푸는 시간이면 모여서 한꺼번에 풀고 서로 갖겠다며 먼저 집으려고 난리 그

러고 나서 또 죄다 옷걸이에 걸고 다리고, 입어보고, 그렇게 하루가 지나
갔습니다.

　매일 오는 언니들도 있고, 할머니들도 있고, 다른 집에서 비싼 옷 바가
지 쓰고 와서 3천 원짜리 들고 천 원 깎아달라는 할머니는 얄미워도 또 미
운 정에 깎아드리고 인형도 하나 덤으로 드리고, 가수 언니들 와서 패션
쇼 하고 노래하고 춤추고, 생각해보면 사람들이 사 간 건 옷이 아닌 정이
었는지도 모릅니다. 혹은 기쁨이거나 혹은 즐거움이거나 한마디로 이 공
간에 들어서는 순간 펼쳐지는 재미를 기대하며 제 매장으로 입성했습니
다. 그래서 저는 일 년을 버텼고, 두 번 다시는 없을 누구도 흉내 내지 못
할 매장을 만든 것인지도 모릅니다. 일본에서 세금을 가장 많이 낸다는
어느 기업가가 말했습니다. 기쁨이 곧 돈이라고, 대한민국 국민의 절반
이상이 읽은 『시크릿』이라는 책에도 나와 있습니다. 사랑이 곧 돈이라고.
결국 돈이라는 건 감사와 사랑이 넘치고 기쁨이 넘치는 그 순간의 에너지
들이 물질의 형태로 나타나는 것이 아닌가 싶습니다.

　사람들은 나에게 옷을 사고 돈을 지불한 것이 아닌 이 공간에서의 즐거
움과 기쁨에 대한 감사 표시로 나에게 돈을 지불해 주었던 것입니다. 그
와 더불어 옷을 입어보며 느끼는 즐거움, 옷을 사 입고 누군가로부터 들
을 칭찬에 대한 기대감, 거울에 비친 자신의 변화된 모습에 대한 만족감,
그런 것들에 대한 감사의 대가로 돈을 지불했던 것입니다. 매장에 들어가
자마자 사장이 인상을 쓰거나, 손님이 오는지 가는지 신경도 쓰지 않는다
면, 사람들은 그 매장에서 어떠한 기쁨도 느낄 수 없습니다. 누구나 들어

서면서부터 즐거운 곳에 또다시 가고 싶어 합니다. 그곳에 가면 그 즐거움을 또 느낄 것이라는 기대감과 함께, 하지만 마찬가지로 누구나 기쁨이 없는 곳, 불편한 곳에는 가고 싶어 하지 않습니다. 다음 번에 또다시 그곳에 가더라도 어떠한 기쁨이 있을 거란 기대감이 없다면 누구도 다시 그곳에 가지 않을 것입니다. 그래서 저는 늘 기쁨을 모읍니다. 기뻐질 것이라는 기대를 모으고, 거기에 대한 감사를 모읍니다.

넘치는 할리우드 액션

가끔 아주 작은 차이가 큰 차이를 만드는 일들이 있습니다. 매장의 매출이나 라이브방송에서도 이런 일들이 많이 일어납니다. 사람들은 늘 제게 말합니다.

"역시 미미 사장이 방송을 해야 해."
"미미 사장이 방송을 해야 재미있어."

옷을 파는 일에 웬 재미? 품질 좋고 예쁘면 되지, 옷 파는 사람이 무슨 개그맨이라도 되어야 한다는 건가? 하고 생각할지도 모릅니다.

"제가 무슨 개그우먼인가요? 맨날 웃기게?"
"개그 프로그램이 미미 사장 때문에 다 망했어."

기쁨이 모이는 곳에 돈이 모인다

이런 이야기를 들을 때, 말씀하시는 분들도 너무나 즐겁게 웃으며 말씀하시지만 그 말을 듣는 저 역시 박장대소를 하며 받아칩니다.

물론 어떤 날은 장사가 잘되고, 어떤 날은 안될 때도 있습니다. 어떤 날은 손님이 너무 몰려 정신이 없지만 또 어떤 날은 손님이 한 분도 오시지 않아 혼자서 찬송가를 목 놓아 부르며 하나님과 즐거운 소통을 할 때도 있습니다. 여기서 중요한 것은 제가 고객들과 소통하느냐 하나님과 소통하느냐의 문제가 아닙니다. 누구와 함께하든 그 시간을 즐겁게 채우기 위해 노력한다는 점입니다. 저 역시도 가끔은 센티해지고 싶을 때도 있고, 가끔은 도도해 보이고 싶을 때도 있고, 가끔은 우아해 보이고 싶을 때도 있습니다. 명색이 만 명 패션 밴드의 주인장인데 럭셔리하게 옷을 입고 도도한 자태를 뽐내고 싶을 때가 있는 겁니다. 그리고 실제로 그렇게 행동하는 날도 있습니다. 그날그날의 제 콘셉트에 따라 어떤 날은 우아하게 말도 해 보고, 어떤 날은 쎈 언니 콘셉트를 할 때도 있고, 어떤 날은 또 도도한 패셔니스타 콘셉트로 방송을 할 때도 있습니다. 하지만 제가 가장 편하고 즐거운 시간은 그냥 저를 내려놓고 본연의 모습으로 크게 웃고 소통하며 박장대소하는 저를 만나는 시간입니다.

매장에 손님이 오면 큰 소리로 "어서 오세요~~!!" 인사를 하고, 옷을 입을 때마다 "어머, 너무 예쁘다, 정말 예쁘다, 잘 어울리는데 도대체 허리가 어디 있어요? 개미가 울고 가겠네." 하며 입는 옷마다 추임새를 넣어주고 반응해주는 그 시간들이 너무나 즐겁습니다. 그러다 진짜 입은 옷이 안 어울릴 때는 입안에 장전되어 있던 예쁘다는 말이 차마 입 밖으로 나오지 않아 음… 하고 머뭇거리다, 음… 그냥 벗어요! 하고 웃으며 말해버립니다. "벗어! 벗어! 언니 그거 아니야!"라고 빵 터져서 솔직하게 이야기하면 옷을 입고 있던 고객님도 "어? 이거 아니야? 어우야! 어울린다고 해줘!" 하고 앙탈을 부리기도 하고, "에이, 주인이 아니라는데 벗어야지." 하며 순순히 내려놓기도 합니다. 각양각색의 액션을 취하지만 중요한 건 그 모든 순간들이 너무나 즐겁다는 사실입니다.

　사람들은 왜 미미의 방송이 재미있다고 하는 걸까요? 사실 예쁜 옷이 많은 때는 매출이 더 많이 나고 그렇지 않을 때는 매출이 적게 나는 것도 사실이지만 매출이 적게 나든 많이 나든 그 시간 그 안에 저는 그 모든 것을 즐긴다는 사실입니다. 화이트 재킷을 걸치면 의사 가운이라고 놀리고, 그레이 탑을 걸치면 스님이라고 놀리고, 오만 가지 태클을 걸며 약 올라 하는 나를 보며 웃음 표시를 쏟아내고, 거기에 질세라 예쁜 옷을 입고 안 판다고 카메라 뒤로 던져버리고 약만 올리고, 가끔은 찜한 옷도 언니는 안 맞는다며 다른 언니에게 팔아버리고, 그래도 서로 좋다며 또 깔깔거리고 웃는, 보통의 제 방송은 이렇게 엉망진창일 때가 많습니다.

　방송 중에 춤도 추고, 노래도 부르고, 노래 한 곡 끝나고 나면 한 열댓 명이 동시에 나가버려서 당황스러운데 웃겨서 또 웃고, 그렇게 겨우 남은 나의 찐 팬 언니들이 웃다가 정신없다가 옷도 샀다가 하며 방송은 끝이 납니다. 물론 저의 방송시간에 다른 밴드를 왔다 갔다 하시며 옷을 너무 좋아해 일명 양다리를 걸치는 언니들도 있지만 처음과 끝을 늘 함께해주시는 언니들이 더 많기에 저의 리액션은 끝이 없습니다. 채팅창에 글이 하나 올라올 때마다 소리 내서 읽고 반응해드리고 온갖 추임새를 다 넣어 가며 소통합니다. 저는 그 시간이 너무나 즐겁습니다. 매장에 오시든, 밴 드에서 나를 만나든, 오셨던 분들을 자꾸만 또 오고 싶게 만드는 비결은 저의 넘치는 할리우드 액션이 아닌가 싶습니다.

〈고객님 카페에서 일일장터 했던 모습〉

손님이 손님을 부른다

어린 시절 명절이면 삼촌들은 어린 우리를 모아놓고 카드놀이를 하며 코
묻은 용돈을 갈취해 가셨습니다. 그럴 때, 삼촌들이 쓰던 명대사는 "아가
아를 부른다."라는 말이었습니다. 카드놀이를 할 때, 알파벳 A를 '아'라고
표현했는데 이상하게 그 A를 가지고 있으면 꼭 그 A를 가지고 가는 것이
었습니다. 어떤 꼼수가 있었는지 지금도 알 수 없지만, 삼촌들의 손에는
늘 그 A가 많이 들려 있었고, 삼촌들은 아가 아를 부른다며 우리를 놀렸
습니다. 시간이 지나 어른이 된 지금 그때 그 말이 나의 삶에 적용이 되고

재해석 되고 있다는 사실
이 우습지만, 삼촌들의 말
은 정말 맞았습니다. 특
히 구제의류를 하며 그 말
의 뜻을 절실히 이해하고

있습니다.

제품 사입을 할 때 예쁘게 진열된 도매 숍을 가기도 하지만, 다양한 제품을 처음으로 볼 수 있는 집하장도 주기적으로 가는 편인데 신기하게도 예쁜 옷이 하나 나온 그 주변을 뒤지면 예쁜 옷들이 무더기로 나오기도 하고, 명품 가방이 하나 나온 곳을 집중적으로 파면 또 그곳에 좋은 가방들이 모여 있을 때도 많습니다. '아가 아를 부르는' 원칙은 물건뿐만 아니라 사람에게도 적용이 되는데, 우리끼리 늘 하는 말로는 손님이 손님을 부른다는 말입니다. 손님이 하나도 없던 매장에 어떤 손님이 한 분 들어오면 잠시 뒤 또 다른 손님이 들어오고, 또 다른 손님이 들어옵니다.

예전 정수기 영업 교육을 받을 때 듣던 말인데, 한 사람의 고객 뒤에 200명의 고객이 있다는 말도 이 말과 맥락은 조금 다르지만 어쨌든 사람이 사람을 부르는 것은 비슷한 부분입니다. 특히 제가 가장 많이 했던 말 중 하나가 옷을 사서 나가시는 손님에게 "다음에 올 때는 친구 데려오세요, 옷 한 벌 선물할게요."였습니다. 저는 실제로 친구를 데려온 손님에게 옷을 한 벌 선물해주었고, 함께 온 친구에게도 옷 한 벌을 선물했습니다. 그렇다면 그다음은? 다음 번에는 지난번 친구의 손을 잡고 왔던 친구가 다른 친구를 데려왔고, 그다음 번에는 또 그 친구의 친구가 다른 친구를 데려왔습니다. 오죽하면 손님들은 우리 부부에게 옷 다단계를 하는 거냐고 물을 정도로 친구를 데려온 친구와 친구 모두에게 선물을 주니 다음 번에는 또 그 친구가 친구를 데려오는 일들이 많았고 그 재미있는 이벤트에 손님들은 알아서 홍보를 해주고 알아서 손님을 데리고 왔습니다. 물론

그중에는 옷을 사 가시는 분들도 계시고 안 사 가시는 분들도 계셨지만 그런 이벤트를 받은 고객들은 그날이 아니어도 오며 가며 매장에 들르게 됩니다. 그런 와중에 함께 있던 분들이 옷을 사 가시는 일도 많았습니다.

한 시간 동안 옷도 사지 않고 매장을 맴돌다 그냥 가는 손님이 있다면 주인 입장에서 기분이 어떨까요? 다른 사장님들은 모르겠지만 저의 경우는 매우 감사해합니다. 그분이 매장을 도는 동안 밖에서 길을 가던 고객들이 그 모습을 보고 들어오기도 하고, 구매도 해 가니 그분은 한 시간 동안 우리 매장의 홍보이사가 된 거나 마찬가지입니다. 그런 손님께 커피를 타드리고 대화를 한다면? 사실 미안함에 옷을 한 장 더 사 가시는 것을 바라고 그런 행동을 하는 것은 아니지만 고객은 감사의 마음으로 옷을 사서 가기도 하고, 다음 번에 오셔서 옷을 사 가시기도 하고, 친구를 데려오시기도 합니다. 그 모든 것들을 하지 않으시고 또 오셔서 또 한 시간을 돌다만 가셔도 그래도 또 저는 커피를 타드리고 대화를 합니다. 그날 하루 옷쟁이 매장의 너무나 훌륭한 홍보이사가 되어 주셨으니까 말입니다. 매장이 아닌 밴드도 마찬가지로 그날 옷을 한 장도 못 팔았지만 함께 채팅으로 대화하고 소통해주시는 많은 고객님들이 계십니다. 그분들 모두가 저의 멋진 홍보이사들입니다. 아는 아를 부르고, 손님은 손님을 부릅니다. 그게 오늘 저의 매장을 찾으신 손님에게 커피 한 잔을 대접하고 대화를 하는 이유가 아닐까요?

엄마와 아이 중
누가 찐 고객일까?

우리 매장에는 유독 꼬꼬마 고객님들이 많이 옵니다. 아이를 좋아하는 제 성향상 아이들이 오면 뭐라도 줄 게 없나 찾게 되고, 줄 게 없으면 슈퍼에 뛰어가서 과자라도 사 들려 보내야 마음이 편합니다. 겨우 걷는 쪼꼬미 꼬마 아가씨가 색이 예쁜 분홍 블라우스를 들고 아장아장 걸어오면 엄마는 깜짝 놀라 아이에게서 그 옷을 빼앗으려 하지만 저는 그냥 웃으며 그 옷을 아이에게 선물합니다. 신기하게도 아가들은 색감이 너무나 예쁜 옷들을 알아보는 눈이 있습니다. 우리 매장에 오는 아가들이 손에 집는 옷들의 대부분이 색감이 화려하고 알록달록한 옷들인데 그 옷을 엄마에게 선물하면 엄마는 당황스러워하면서도 좋아하십니다. 아이 덕에 색이 화려한 알록달록한 옷을 선물 받은 엄마는 다음 번에는 아이가 어린이집에 간 사이에 또 오셔서 지난번 못 한 쇼핑을 마저 하고 가시기도 합니다.

저의 아이들 사랑은 사실 저희 매장에서만 있는 일은 아닙니다. 커피를 사러 우리 매장 바로 옆에 있는 커피숍에 가면 가끔 엄마와 아이가 함께 앉아 음료를 마시고 있는 경우가 있는데 그 모습이 너무 예뻐 천 원짜리 초코 과자를 아이에게 선물하기도 합니다. 장난꾸러기 남자아이들이 매장에 단체로 오는 날이면 매장 구석구석 행거 구석구석을 훑고 다니며 신나게 뛰기 마련입니다. 엄마들은 미안한 마음에 안절부절못하며 아이들을 다그치시지만 그럴 때 저는 상층 선반에 예쁘게 앉혀둔 포켓몬스터 인형을 꺼냅니다. 피카츄, 라이츄, 버터플, 꼬부기 등 그 인형을 하나씩 고르게 하면 자기들끼리 신이 나서 인형 놀이를 합니다. 가끔 엄마들이 집에 가려는데 인형을 내려놓지 않는 아이들이 있는데 그럴 때면 그냥 인형을 선물합니다. 사실 우리 매장 구석구석에는 숨겨진 인형들이 많이 있는데 그 인형들 중 판매를 위한 인형은 단 하나도 없습니다. 모두가 매장에 오는 꼬꼬마 손님들을 위한 선물입니다.

아이와 엄마가 매장에 오는 일은 흔합니다. 그렇게 함께 와서 쇼핑을 하고 가는 일 역시 흔합니다. 대부분 매장 사장님들 역시 이런 상황들을 많이 접합니다. 여기서 중요한 것은 각인효과입니다. 엄마와 아이가 쇼핑을 했고, 그렇게 집으로 돌아갔습니다. 그런데 그 과정에서 아이가 어떤 아줌마에게 인형을 선물 받았습니다. 예쁘다고 말해주고 웃어주고 맛있는 과자를 주었습니다. 그리고 집으로 돌아갔습니다. 다음 날 아이와 엄마가 그 매장 앞을 지나갑니다. 첫 번째 아이의 경우 그 매장을 그냥 지나갈 확률이 높습니다. 하지만 전날 그 매장에서 선물을 받고, 맛있는 것을 먹고, 칭찬을 받았던 아이는 그냥 지나치는 엄마의 손을 붙잡고 매장으로 들어가려 할 것입니다. 엄마가 오늘은 바빠 옷을 볼 시간도 없고, 생각도 없습니다. 하지만 아이는 계속 엄마의 손을 잡아 끕니다. 엄마는 마지못해 매장으로 들어오고 매장 주인은 엄마보다 아이를 더 반기며 아는 체를 해주고 이야기를 하며 또 선물을 줍니다. 그 모습을 본 엄마는 내 아이에게 이렇게 호의를 베푸는 주인장에게 고마운 마음에 사려고 생각하지도 않았던 옷을 보게 되고 엄마의 손에는 옷 한 벌과 아이의 손에는 인형 하나가 들려져 나옵니다. 다음 날도 그다음 날도, 매장 앞을 지날 때면 늘 아이는 엄마의 손을 매장으로 이끌고 어느 순간 엄마와 아이 모두에게 그 매장은 참새의 방앗간이 됩니다. 이 이야기는 실제로 제가 가끔 겪는 이야기입니다. 어떤 의도된 바나 계획이 있어 아이들에게 잘해준다면 아마 아이들도 그 마음을 읽지 않을까 싶습니다. 그냥 초울트라슈퍼특급 오지라퍼인 저의 사람에 대한 관심과 이 공간에 들어오는 사람들이 웃으며 나가는 것이 소원인 주인장의 마음이 자동 발사되는 과정에서 생기는 더 즐거운 상황들이랄까요? 아이를 좋아하거나 좋아하지 않거나 제가 오지라퍼이거나 그렇지 않거나 그 모든 것들이 중요하다기보다는 그냥 이 공간에 들어오는 사람들이 행복했으면 좋겠다는 그 마음, 그 마음이 매장의 매출을 성장시키는 가장 큰 열쇠라는 생각이 듭니다.

기쁨이 모이는 곳에 돈이 모인다

BAND

PART 7

생각을 바꾸면
세상이 바뀐다

일단 사업을 하시는 분이라면 돈에 대한 생각부터 바꾸십시오. 돈을 긍정하시고 부자의 옷을 입으십시오. 돈 벌기 힘들다고 한탄하지 마시고 너무너무 돈 벌기 쉬워서 행복하다고 주문을 외우십시오. 너무 가난했던 제가 월 천만 원을 버는 방법, 물론 밴드의 힘이 아주 크지만 더 큰 것은 제 생각을 바꾸고 부자의 옷을 입고 사업을 했기 때문입니다. 사업이 많이 힘드실 겁니다. 그러나 위축되지 마십시오. 제가 해냈듯이 여러분도 해낼 수 있습니다.

돈 벌기가 얼마나 힘든데

세상 사람들이 하는 오해 중 가장 큰 것이 돈 벌기 힘들다는 오해입니다. 어려서부터 어머니에게 가장 많이 들었던 말도 돈 벌기는 어렵다는 말이 었습니다.

"남의 돈 먹는 게 그렇게 쉬운 게 아니야."

"돈 벌기가 얼마나 힘든데…."

"돈 우습게 알지 마."

"천 원 벌 생각하지 말고 100원을 아껴."

엄마의 어린 시절은 가난의 기억으로 가득 차 있었고, 성인이 되어서도 늘 힘든 삶을 사셨기에 엄마의 세상에서 돈은 자신의 것이 아니었고, 갖기 힘든 존재였고, 넘치게 갖기는 더더욱 힘든 존재였습니다. 그것이 흔

〈고양시 프리마켓〉

히 어렵게 살아온 사람들의 생각이었고, 제 어머니의 생각이었습니다. 저 역시 그 생각에 갇혀 가난이 당연한 것이라 여겼고, 돈을 버는 일도, 모으는 일도 저와는 관계가 없는 일이라고 생각하며 살았습니다. 큰돈이라도 들어오면 이게 제가 써도 되는지, 내 것이 맞는지, 사라지지는 않을지 늘 불안해했고, 벌기 힘든 그놈의 돈 때문에 매번 울고 웃어야 했습니다. 뇌는 마비되고 세뇌당해 '나는 돈을 벌 수 없어, 돈 벌기 너무 힘들다'는 말만 반복하게 만들고, 나보다 많이 가진 사람을 보며 제가 갖지 못한 것들에 대해 슬퍼하고 분노했습니다. 정말 절실히 돈이 벌고 싶었지만 방법을 찾지 못했습니다. 찾지 못하는 것이 아니라 그런 방법 따위는 존재하지 않는다고 믿었습니다.

그러던 내 인생에 찾아온 기적, 어느 순간 엄마의 말이 거짓말이었다는 것을 알았습니다. 세상이 지금까지 내게 주고 있던 모든 것들을 알아차리지 못하고, 저만의 생각에 세뇌되어 눈뜬장님으로 살아왔다는 것을 알아버렸습니다. 바로 그 순간부터 제 인생은 변화하기 시작했습니다. 처음엔 믿고 싶지 않았습니다. 믿으려고도 하지 않았습니다. 생각하는 대로 만들어지는 세상이라는 그런 헛소리들을 들으려고도 하지 않았습니다. 하지만 세상은 저에게 끊임없이 말을 걸었고 제가 알아내 주기를 바랐습니다. 세상이 내게 주고 싶은 것이 무엇인지, 제가 알아차리지 못하고 있는 것이 무엇인지 세상은 제가 알든 모르든 저에게 계속 말하고 있었습니다.

제가 읽는 책을 통해, 제가 듣는 강연을 통해, 제가 보는 텔레비전이나 유튜브를 통해 저의 손과 귀와 제 모든 감촉이 느껴지는 모든 곳에 인생의 숙제를 풀 수 있는 힌트를 뿌려두고 제가 그것을 건드리기를, 그것을 만지고 느끼기를 바라고 있었습니다. 마침내 세상이 제게 준 힌트들을 하나씩 발견해내기 시작했고, 맞춰나가기 시작했습니다. 그중 가장 먼저 바꾸려고 했던 것이 돈에 대한 저의 생각이었습니다. 어릴 적부터 세상이 제게 주었다고 믿었던 그 가난과 가난을 벗어나지 못하게 만들던 그 상황과 생각들, 그것들은 결코 세상이 저에게 준 저주 같은 것이 아니었습니다. 그런 기억을 갖고 있던 저의 부모님과 제 주변 사람들에 의해 만들어지고 재생된 기억일 뿐이었습니다. 부모님의 주변 사람들도 마찬가지로 같은 기억과 생각을 갖고 계신 분들이었습니다. 그러다 보니 저 역시 늘 가난과 결핍을 달고 산 게 당연한 일이었습니다.

"돈 벌기는 힘들어!"

"돈이란 남을 짓밟고 올라가야 많이 벌 수 있는 거야!"

"난, 돈 욕심 없어."

"너무 돈돈 하지 마. 돈 없이도 잘 살고 있잖아."

"더러운 새끼들, 저 새끼들 다 뒤로 더러운 짓거리들 하고 벌어 놓은 재산이야."

"정부랑 부자 놈들이 작당을 해서 서민들 뼛골을 빼먹는 거지."

　제 기억 속에서 아버지는 늘 피해자였습니다. 세상이란 놈에게 농락당해 하는 일마다 안되고 꼬이고 힘들다고 말했던 아버지. 그런 아버지께 배운 돈이란 녀석은 늘 냄새나고 더러운 것이거나 수치스러운 것이었습니다. 그깟 돈 필요 없다고 무시를 하고, 돈이 많은 사람들과 기업인, 정치인들을 모두 쓰레기라고 표현하셨던 아버지. 자연스레 제가 갖게 된 돈에 대한 생각들도 많이 벌 생각을 하면 속물이 되고, 많이 가지려면 어두운 무언가 늘 해야 하는 이미지였습니다. 저는 착한 사람, 정직한 사람이라 당연히 부자는 될 수 없다고 생각했습니다. 아버지와 마찬가지로 제 인생도 늘 돈이 부족했고, 결핍에 시달리며 돈 벌기 어렵다는 어리석은 오해는 제 안에서 기정사실로 자리 잡았습니다.

　그러나 세상이 제게 준 힌트를 저는 찾아내기 시작했고, 살을 뜯어내는 것처럼 어려운 일이었지만 제 머릿속에 덕지덕지 붙어 떨어지지 않는 돈에 대한 오해들을 떨어트리기 시작했습니다.

"돈 벌기는 정말 쉬워."

"돈은 좋은 거야."

"돈에서는 향기가 나."

제 머릿속 돈에 대한 생각들은 돈을 좋아하면 돈을 밝히는 게 되고 돈을 밝힌다는 것은 곧 속물이 된다는 것과 마찬가지였기에 돈을 좋아한다고 고백하는 것은 쉽지 않은 일이었습니다. 옷가게를 하며 저의 꿈을 이야기할 때, 제 삼촌은 이렇게 말했습니다. "윤미야, 사람이 분수에 맞게 살아야 돼." "뱁새가 황새 따라가다가 가랑이가 찢어져." "욕심부리지 말고 살아." 제가 돈을 좋아한다고, 돈을 잘 벌고 있고, 더 많이 벌겠다고 말할 때마다 삼촌은 저에게 분수에 맞게 살라고 했습니다. 그렇게 돈을 좋아한다고 말하는 것은 제 상식에서 분수에 맞지 않는 행동이었고, 욕심쟁이가 되는 일이었습니다. 그렇기에 돈을 사랑한다고 돈을 좋아한다고 말하는 그 간단한 일이 내게는 살이 뜯기는 고통으로 다가왔는지도 모릅니다. 돈을 좋아한다고, 사랑한다고 고백할 때마다 왠지 모를 죄책감과 욕심을 부린다는 생각이 들어 견딜 수가 없었습니다. '돈아 사랑해, 돈아 고마워, 네가 내게 있어 줘서 너무 행복해.'라고 고백할 때마다 돈을 미워하고 돈에게 분노하던 제 기억들이 그건 잘못된 일이라며 저에게 달려들어 괴롭혔습니다.

가끔은 '이런 게 무슨 소용이야, 이런다고 돈이 생기지는 않아.' '내가 부자가 될 리도 없어.'라며 하던 것을 멈추고 다 집어치우자는 생각이 들 때도 있었습니다. 하지만 이미 세상에서 조금씩 전해 받은 힌트들과 제가 알아채도록 세상이 베푼 사랑을 알기에 저의 가장 큰 오해를 깨는 일을 멈출 수 없었습니다. 잠들기 전에도 돈을 만지며 돈에게 사랑 고백을 합니다. '돈아 사랑해, 고마워, 내일은 친구들도 많이 데려와.'라고 말을 했습니다. 슈퍼에서 물건을 살 때도 '돈아 고마워. 사랑해. 밖에 나가 여행

실컷 하고 좋은 친구들 만나 새끼들 주렁주렁 데리고 다시 내게로 오렴.'
이라며 인사를 했습니다. 매일 미친 사람처럼 말입니다.

"돈 벌기는 참 쉬워."
"돈 버는 게 세상에서 제일 쉬워."
"세상에는 돈이 널려 있어."
"언제나 내가 필요할 때 꺼내 쓸 수 있는 돈이 세상에는 널렸어."

매일 이렇게 말하고 생각했습니다. 돈을 쓸 때도, 이거 쓰면 안 되는데 하고 죄책감을 가지는 대신 '이만큼 쓸 수 있는 돈이 있으니 감사합니다.' 라고 말을 하고 생각을 했습니다. 어느 순간부터 돈을 쓸 때 느끼던 걱정과 불안이 사라지고 늘 채워지는 것이 돈이라는 생각이 들었습니다. 그때부터 정말 돈을 쓰면 채워지고, 쓰면 채워지고, 필요한 때에 필요한 만큼 돈이 들어오기 시작했습니다. 생각하는 대로 이루어지는 것을 믿을 수 있는 사람이 몇 명이나 있을지 모르지만 그 비밀을 체험한 사람은 점점 더 그 비밀을 활용할 수 있는 힘이 강해집니다.

돈은 감사한 것, 돈은 좋은 것, 돈은 사랑 에너지, 내 마음이 평온할 때, 내 마음이 풍요를 느낄 때, 내 마음이 사랑으로 넘쳐날 때, 내 마음이 감사로 넘쳐날 때, 세상은 숨겨두었던 보물을 내어 줍니다. 또는 이미 지천에 깔린 보물을 보지 못하는 병에 걸린 눈이 치료되며 세상 온갖 것들을 잘 보게 되고 갖게 되듯이, 그렇게 세상은 제가 원하는 것들을 하나씩 제게 선물해주었습니다.

"돈처럼 벌기 쉬운 게 없어."
"세상에는 돈이 널려 있어."
"나는 돈을 사랑해."

이렇게 말을 하며 제 기억 속, 제 머릿속 가난과 결핍을 털어낸 자리에 이제는 새로운 기억을 심고 있습니다.

돈은 기하급수적으로 버는 것입니다.
돈은 기하급수적으로 버는 것입니다.
돈은 기하급수적으로 버는 것입니다.

돈은 벌기 쉬운 것이라는 생각이 들어가고 그것이 현실이 되어가는 과정을 보며 이제는 또 다른 기억을 제 머리에 저장 중입니다. 이렇게 인식된 새로운 기억은 제가 생각하고 원하는 방향으로 저를 안내할 것이고, 제게 영감을 주며 결국은 세상이 저를 위해 준비해준 더 큰 보물을 발견하게 해줄 겁니다. 어떤 인생을 택하든, 어떤 기억을 택하든 다 저의 몫입니다. 그래서 전 세상에 대한 오해를 버리고 세상과 제 인생과 즐겁고 신나며 가슴 벅찬 여행을 하기로 선택했습니다. 저에게 늘 좋은 것만 주는 이 세상을 믿으며.

누구나 자기 몫의
밥그릇은 있다

그렇습니다. 누구에게나 자기 몫의 밥그릇은 있습니다. 『머니룰』, 『시크릿』, 『부자의 운』 등 끌어당김이나 성공에 관한 책에서 나오는 공통적인 이야기가 우주의 자원은 무한대라는 말입니다. 그러니 상대가 가져가는 것이 많다고 해서 내 것이 줄어드는 것이 아니며, 오히려 상대가 많이 가지고 있는 것은 나 역시 많이 가질 수 있다는 증거이므로 더더욱 기뻐해야 하는 일이라고 말하고 있습니다. 저는 이 말에 전적으로 동의합니다. 우주에는 무한한 자원이 있고, 누구나 그 자원을 꺼내 쓸 수 있습니다. 이런 말 자체를 말도 안 되는 소리라 이야기하는 사람들도 있고, 허황된 소리라고 비난하는 사람들도 있습니다. 물론 저 역시도 절실했던 순간순간에 기적처럼 나타났던 도움의 손길들과 좌절 속에서 성장했던 경험들이 없었다면 누구나와 마찬가지로 이런 말들을 말도 안 되는 소리라고 했을지 모릅니다. 하지만 감사하게도 전 많은 종류의 성공학 책들을 읽었고,

그것들이 주는 정확한 메시지를 읽었습니다.

풍요와 만족감 그리고 거기에 따르는 감사, 성공의 요인에 많은 것들이 있지만 가장 중요한 것은 제안의 결핍을 없애고 풍요로 채우는 일입니다. 매사에 작은 것 하나까지도 감사하며 경쟁이 아닌 함께를 선택할 때 인간은 성장하고 성공할 수 있습니다. 이미 많은 것이 있으니 경쟁할 필요가 없다고 느끼는 순간, 마음이 평온해지고 진정한 의미의 풍요가 저에게 옵니다. 그 이후는 제가 생각하는 그대로 풍요를 갖게 됩니다.

매장의 계약 기간이 몇 달 안 남은 상황에서 또다시 힘든 순간이 왔습니다. 고심 끝에 우린 매장의 절반을 포기하고 반만 쓰기로 했습니다. 그때부터 우리가 쓰던 공간의 절반에 다른 매장들이 들어오기 시작했습니다. 신발, 가방, 생과자 등등 여러 아이템들이 들어왔지만 한 달 이상 가는 곳이 없었습니다. 여러 매장이 들어왔다 나갔다를 반복하며 결국 우리 옆 매장은 공실이 되었고 공실로 인한 손실이 커지자 결국 같은 업종은 입점이 안 된다는 암묵적 약속을 깨고 바로 옆에 의류 매장이 들어왔습니다. 함께 일하시던 분들은 광분을 했고, 남편 역시 많이 날카로워졌습니다. 거기에 한술 더 떠 옆 매장 사장님은 "우리는 입다 버린 쓰레기는 안 팝니다." "우리는 백화점 브랜드만 팝니다." "쓰레기는 팔지 않습니다."라며 우리를 자극했고 남편과 바로 옆 빈 공간의 행거 위치를 두고 싸움까지 났습니다. 옆 매장 사장님의 자극에 화가 난 남편은 옆 매장 바로 앞에서 고래고래 소리를 지르며 몰이를 했고 결국 다른 매장들의 신고로 그나마 좀 잠잠해졌지만 두 매장 사이의 긴장은 계속되어 갔습니다.

글을 시작할 때도 앞서 말했지만 사람들이 알지 못하고 이해하지 못하는 하나는 세상에는 정말 많은 자원이 있고 돈이 있다는 사실입니다. 우주에는 우리가 원하는 모든 것들이 있으며 우리가 원하면 얼마든지 그것들을 받을 수 있습니다. 하지만 우리가 결핍을 생각하고 결핍을 느끼는 순간 일상은 부족한 것들로 채워집니다. 그러나 우리가 원하는 모든 것이 이미 내게로 다가오고 있다고 진심으로 믿고 느끼는 순간 그것은 제 것이 됩니다. 세상엔 누구나 쓰고도 남을 만큼의 돈이 있습니다. 그리고 각자의 그릇이 있습니다. 타인의 것을 빼앗지 않아도 제 그릇은 언제나 넘쳐납니다.

남편에게 말했습니다. "옆집 사장님은 옆집 사장님의 몫이 있고, 우리는 우리의 몫이 있어." "우리가 그분의 것을 빼앗을 일도 없고, 그분이 우리의 손님을 빼앗을 일도 없어." "우리는 우리의 할 일만 열심히 하면 돼, 늘 지금처럼 즐겁게 일하면 되는 거야." 제 말을 들은 신랑도 어느 정도 수

〈지하철 장사 시절〉

긍을 하고 우린 더 이상 옆집 사장님의 도발에 대응하지 않았습니다. 옆집 사장님은 여전히 우리 매장의 옷들을 걸고넘어졌고, 들어가는 손님들에게 우리 집 이야기를 했지만 우리의 매출은 늘 꾸준했고, 제 풀에 지친 옆집 사장님은 계약이 끝나는 그날까지 조용히 우리와 함께하셨습니다.

세상에 나쁜 고객은 없다

제 나이 40세 아이 둘 딸린 아줌마. 그런 제가 감사하게도 구제의류를 만나 매출이 아닌 순수익으로 월 1,000만 원 정도를 벌고 있습니다. 물론 큰 규모의 사업장을 운영하시는 분들에 비하면 천만 원은 별거 아닐지 모르지만 저 같은 일반 아줌마에겐 감사하고 또 감사한 일입니다. 처음 한 명으로 시작한 밴드는 이제 14,500명이라는 적지 않은 회원을 보유한 밴드가 되었고, 다섯 평짜리 매장은 100평을 거쳐 30평이 되었습니다. 남편이 벌어다주는 월급을 받으며 그냥 그렇게 평범하게 살던 아줌마 어떻게 한 달에 천만 원이라는 돈을 벌게 되었을까요? 그것도 오천 원, 만 원짜리 구제의류로? 천 번을 생각해도 답은 제 매장을 찾는 고객들에게 있습니다. 저의 매장을 찾고, 저의 밴드를 찾아주시는 고객들이 없었다면 제가 아무리 예쁜 옷을 가져다 놓고, 무엇을 해도 그것들은 소용 없는 일들이 되었을 것입니다. 그렇기에 장사를 할 때 가장 큰 자원은 사장의 능력도 뭣도 아닌 고객입니다.

이건 그냥 저의 생각일 뿐이지만 장사에서 가장 중요한 것은 사장이 사람을 대하는 마음이 아닐까 싶습니다. 누가 뭐래도 고객들이 있기에 나의 매장이 빛나고, 고객들이 있기에 나의 밴드가 활기차고, 고객들이 있기에 나의 꿈들이 하나씩 이루어지고 있습니다. 그런 고객들이기에 늘 감사함을 잊지 않아야 하고, 늘 감사의 마음으로 고객을 대해야 합니다. 얼마 전에 제 매장 실장님이 손님 때문에 처음으로 그만두고 싶은 생각이 드셨다고 해서 카톡으로 장문의 대화를 나누었습니다. 자주 오시는 70대의 할머니 손님이셨는데 친구에게 보낼 옷을 사신다며 늘 옷을 많이 고르시고 깎고, 덤을 달라 하시고, 매번 바꾸러 오시는 분이라 실장님이 참다가 폭발하신 것 같았습니다. 생각해보면 유독 할머니 손님들이 저나 직원들을 힘들게 하는데 늘 깎고, 또 깎고, 깎은 데 또 깎습니다. 그것도 모자라 매장을 나가시기 전 꼭 하나를 더 집고 그냥 달라시고, 한 번 오시면 두 시간 이상은 기본으로 매장을 누비다 가신다는 공통점이 있었습니다. 물론 나이 불문하고 직원분들이 소위 진상이라고 말하는 고객님들 대부분이 비슷한 행동을 하시긴 하지만 제가 보기에는 할머니 고객들이 최강임에 분명했습니다. 그러나 흔히 말하는 진상 고객도 내 제품 하나는 사주시는 분이며, 그분들 덕에 매장 월세를 내고 공과금을 내고 제 아이들을 키우며 살아가는 것도 사실이었습니다.

사실 따지고 보면 진상이라고 말하는 분들 대부분이 사람이 그리운 분들이었고 마음이 아픈 분들이었습니다. 저의 매장이 정신과나 치료센터는 아니었지만 오래도록 많은 분들을 만나다 보니 마음의 어디가 왜 아픈지 묻게 되고 공감하게 되었습니다. 그것이 저를 살게 해주는 그분들에 대한 최고의 선물이라고 생각했습니다. 손님들이 작네, 크네, 비싸네 이야기하실 때 "그건 아니고여, 그게 아니고여~."라며 반박하기보다는 "그러게요~ 진짜 그런 것 같네~"라고 함께 리듬을 맞춰주다 보면 어느새 손님 손에 옷들이 들려 있었습니다. "아~~ 언니 진짜 예쁘다~ 잘 어울린다~ 거짓말은 말고 진짜만 ㅎㅎ 안 어울림 전 벗으시라 솔직하게 말해요 ㅋㅋ" 그렇게 칭찬해드리고 공감해드리는 게 다인데… 그게 좋아 또 매일 오셔서 매일 옷을 사시는 분들이 대부분이십니다. 예전 아르바이트를 하던 언니는 한 번 오면 두세 시간 앉았다 가는 손님들이 미워 커피도 안 주셨다지만 전 어떻게든 오래 앉혀두려고 커피도 주고 일하며 대화도 합니다. 지나가는 사람이 봤을 때 휑한 매장보다는 그래도 누구라도 하나 있으면 더 들어오기 쉬워지기 때문입니다.

잘 팔리는 옷도 중요하지만 제가 좋아하는 옷을 사입고 그 옷을 함께 좋아해주는 사람들이 모이면 장사가 더 즐겁고 쉬워지는 것 같습니다. 고통받는 이를 판단하거나 해석하거나 가르치려 하지 않고 단순히 그 사람의 고통이 덜어졌으면 합니다. 순수한 의도와 사랑 가득한 가슴으로 그 고통을 알아주고 들어준다면 거기에서는 반드시 치유가 일어납니다. 치유되지 않은 상처와 분노는 반드시 누군가에게 전달되게 마련입니다. 상처를 치유하는 데 가장 좋은 것은 한없는 사랑과 이해입니다. 자기 이야기를 하기 전에 상대방의 입장이 되어서 그 아픔을 느끼고 상처를 이해하는 것이 대화와 소통의 기본입니다. 저는 이제 다만 늘 이렇게 기도합니다. '당신의 아픔을 내 가슴으로 느낄 수 있게 해주세요.'

만일 당신이 진정으로 축복을 원한다면 축복 외엔 아무것도 선택해선 안 됩니다. 만일 우리가 "모든 것이 축복임"을 선언한다면, 불행이 우리에게 다가오다가도 '이 사람은 나의 친구가 될 수도 없음'을 금방 알아차리게 될 것이며, 결국 불행은 우리 곁을 떠나가게 될 것입니다. 왜냐하면 당신은 "모든 것을 축복으로 여기는 사람"이기 때문입니다. 그렇게 되면 당신의 유일한 파트너는 축복일 수밖에 없습니다. 축복이 당신에게로 다가와 입을 맞추며, 온몸으로 끌어안고 함빡 웃으면서 절을 할 것입니다. 그리고는 말하길, "당신을 사랑합니다. 왜냐하면 당신은 오직 나 축복만을 사랑하기 때문입니다."

- 『오제은 교수의 자기사랑노트』 중에서

환경 탓, 사람 탓, 남 탓으로 돌리면 내가 할 수 있는 일은 아무것도 없습니다. 하지만 모든 걸 내 탓으로 돌리면 내가 할 수 있는 일이 많아지고 결국 환경도 바뀝니다.

LESSON 4

부자의 옷을 입어라

지금부터 4년 전, 살던 집을 빼서 매장을 차렸습니다. 친정 엄마 댁에 얹혀산 지 3개월 만에 드디어 우리만의 공간으로 이사를 했습니다. 3평도 안 될 것 같던 방 한 칸 원룸, 그곳에서 전 꿈을 키웠습니다. 그 작은 방에 아이 둘을 재우고 남편을 재우고 늘 혼자 책상에 앉아 책을 읽던 그때, 제 몸은 세 평짜리 원룸에 갇혀 있었지만 마음은 이미 100평짜리 집에 있었던 겁니다. 혹시나 식구들이 잠에서 깰세라 어두운 조명 하나만 밝혀두고 읽었던 무수히 많은 부에 관한 책들, 그 작은 방 안에서 이미 부자가 된 나를 만나곤 했습니다. 저의 그런 생각들을 더 많은 사람과 나눠야 한다는 생각이 왜 갑자기 들었는지 모르겠지만, 언젠가부터 책상에 앉아 책을 읽다 말고 영상을 찍는 일이 많아졌습니다. 늘 주제는 부에 관한 것들, 부자가 되기 위한 마음가짐과 행동들이었고 그렇게 전 부자의 옷을 입고 있었습니다.

지금 현재 저에게 돈이 없을 수는 있습니다. 그러나 늘 그렇지만은 않을 것입니다. 지금 현재 저에게 집이 없을 수도 있습니다. 그러나 늘 그렇지만은 않을 것입니다. 제가 꿈꾸고 바라고 생각하는 한, 그리고 꿈을 향해 움직이는 한 저의 미래는 결코 지금과 같지 않을 겁니다. 3년 전 유튜브를 통해 세상에 선포했던 것처럼, 부자가 되기 위한 첫걸음은 부자의 옷을 입는 일입니다. 돈이 없는 상황에서 명품을 입거나 좋은 차를 타라는 말은 아닙니다. 부자들의 말버릇, 품성, 혹은 마음가짐, 태도 등 지금 내가 바꿀 수 있는 작은 것들부터 바꾸는 것이 중요합니다. 늘 결핍을 생각하고, 체념하고, 대충대충 입은 옷에 자신감 없는 말투와 구부정하게 굽은 등이 아니라 지금 있는 것들에 감사하고, 더 많은 것들이 내 것임을 인정하고 최대한 깔끔하게 옷을 입고, 당당하고 확신에 찬 말투, 꼿꼿하게 가슴을 펴고 자신감 있게 걷는 모습으로, 마음만 바꿔 먹는다면 그런 변화들은 얼마든지 가능합니다.

그렇게 변화된 저를 보며 사람들은 '저 사람 많이 변했네, 무슨 좋은 일 있나? 일이 잘 풀리고 있나?'라고 생각할지도 모릅니다. 혹은 매번 지나다닐 때마다 아줌마라며 부르던 경비아저씨가 사모님이라고 불러줄지도 모를 일입니다. 중요한 것은 제가 부자의 옷을 입는 순간, 저를 대하는 세상의 태도가 변한다는 것입니다. 또한 자기 자신을 대하는 스스로의 태도에도 변화가 생깁니다. 태도의 변화는 자기 자신에게 더 높은 가치를 부여하게 해주고 그로 인해 스스로를 더 긍정적으로 바라보게 됩니다. 변화는 그렇게 시작됩니다. 3평의 원룸에서 부자의 옷을 입기 시작했고, 지금도 그 과정을 걸어가고 있지만 분명 전 3년 전 그날보다 성장했으며 더 많이 벌고 더 많은 사랑을 받고 있습니다.

　그날 아무것도 하지 않았다면, 어쩌면 지금도 전 한 칸 원룸에서 아이들과 전쟁 같은 하루를 보내는 아줌마로 전락했을지도 모르는 일입니다. 오늘도 전 부자의 옷을 입습니다. 조금씩 가난의 유니폼을 벗고 진짜 부자의 옷으로 갈아입고 있는 제 자신에게 감사합니다.

나누면 반드시 돌아온다

예전에 읽었던 영업에 관한 책에 이런 문구가 있던 기억이 납니다. "상대로 하여금 빚을 지게 만들어라." 내용인즉슨, 사람들에게 어떤 호의를 베풀면 상대는 마음의 빚을 지게 되고 대부분의 사람들이 그 빚을 갚으려고 한다는 겁니다. 물론 이런 사실을 알고 있다고 해서 계획적으로 이용하는 것은 아니지만, 누군가를 위해 베풀고 나눔에 있어 더 많이 더 쉽게 퍼줄 수 있는 원동력이 되는 것은 사실입니다. 이미 이 법칙은 많은 영업과 마케팅 부분에서 사용되고 있습니다. 예를 들어 마트의 시식 코너만 봐도 알 수 있듯이 저처럼 마음 약한 사람은 만두 한두 개를 받아먹고 마지못해 한 봉다리라도 장바구니에 담게 되어 있습니다. 시식을 했다고 모든 사람이 만두를 사지는 않지만 확실히 시식을 한 사람이 안 한 사람보다 구매 확률이 더 높은 것은 사실입니다.

안마, 마사지, 메이크업, 기타 레슨, 헬스클럽, 태권도장 등 업종을 막론

하고 대부분의 영업장에는 무료 체험이 있습니다. 홈쇼핑이며 아이들 학습지까지 왜 그 많은 곳들에서 무료 체험을 시켜 주는 것일까요? 그건 어쩌면 마음의 빚을 지게 하기 위함인지도 모릅니다. 나누면 더 커진다는 우주의 법칙 서적들이나 빚을 지게 만들라는 영업 서적들 어찌 보면 다른 말 같지만 어차피 맥락은 하나입니다.

"먼저 주어라!"

감사하게도 실제로 이 방법들을 통해 전 너무나 많은 것들을 받았습니다. 매번 집하장에 갈 때마다 그곳에 오시는 사장님들께 음료수를 사드렸습니다. 열 분, 스무 분이 계셔도 모든 분들께 꼬박꼬박 사드렸습니다. 대화가 조금 오간 사장님들은 그래 봤자 소용없다며 돈이 아까우니 하지 말라고 하셨지만 제 생각은 조금 달랐습니다. 제가 좋아하는 스타일은 44~55의 예쁜 원피스, 블라우스였는데 그곳에 오시는 분들은 큰 옷과 명품, 브랜드 위주의 제품을 하셨기에 그런 옷들을 가져가지 않으셨습니다. 그러니 자연히 그분들이 힘들게 뽑아서 잘 던져둔 옷은 제 몫이 되었고, 다른 분들이 가져가지 않은 2차를 볼 경우 1차 가격의 반값이었기에 제게는 그분들이 늘 고마운 존재였습니다.

그분들이 던져둔 옷 한 벌만 팔아도 충분히 음료수 값은 나오기에 절대 손해 보는 장사도 아니었습니다. 물론 애써 뽑아 둔 옷들을 버릴 때, 날름날름 주워가는 제가 미운 사장님도 있었을 것입니다. 하지만 늘 갈 때마다 웃으며 음료수를 건네는 제게 언제부턴가 사장님들은 제 스타일의 옷을 모아두었다가 주고 가셨습니다. 그뿐만 아니라 딱 제 스타일의 옷을 취급하는 거래처까지 알려 주셨습니다. 그것뿐만이 아닙니다. 이미 제 생활의 많은 부분들이 먼저 주기로 물들어 버렸습니다. 손님이 오시면 커피를 먼저 타드리고, 커피를 먼저 사드리고, 말하기 전에 알아서 덤 하나 더 넣어드리고, 지인들의 생일에 케이크를 보내고, 크리스마스엔 커피 쿠폰을 보내고, 새해에는 감사 카드를 보냅니다. 작은 일이라도 감사하면 선물을 하고, 작은 일이라도 미안하면 또 선물을 합니다. 예쁜 핀이 있으면 우리 아이의 친한 친구들 것까지 사서 선물하고, 겨울에는 예쁜 옷도 같은 또래 친구들에게 쫙 돌립니다. 공연 티켓을 끊어 함께 보고, 저녁 시간이 되면 매장 손님들께 저녁을 대접하고, 해도 해도 끝이 나지 않을 만큼 저의 먼저 주기는 그렇게 생활이 되어 버렸습니다.

의도한 바는 아니지만 이렇게 마음의 빚을 진 저의 지인들 역시 시시때때로 커피 쿠폰, 치킨 쿠폰, 케이크 쿠폰을 보내주시고, 손님들 역시 매장에 올 때 호박, 김치, 젓갈, 떡 등등 늘 손에 무언가 싸 들고 오시고, 아이 친구의 어머니는 아침에는 등교, 오후에는 하교를 시켜주시고, 또 다른 아이 친구 어머니는 매번 학교의 과제들을 챙겨다 주시고, 일정을 알려주십니다. 이렇게 제가 베푼 작은 마음들이 늘 다른 분들의 마음을 움직이고 그래서 내게는 늘 좋은 분들이 함께해 주시는 것 같습니다.

처음부터 제가 이렇게 주는 것을 좋아하는 사람이었을까요? 결코 그렇지 않습니다. 세상에서 가장 계산적인 사람이었고 욕심 많은 사람이었습니다. 그러던 어느 날『사람들이 나를 좋아하게 만드는 7가지 습관』이라는 책을 읽었는데 너무 신기하게도 전 100% 그 책과 반대되는 삶을 살고 있었던 겁니다. 그래서 억지로 정말 억지로 사람들에게 내 것을 나누어 주기 시작했고, 이전과는 완전히 반대의 모습으로 살아가기 위해 노력했습니다. 그런데 정말 놀라운 것은, 자의든 타의든 제가 먼저 주었던 그 사람들에게 불과 하루도 되지 않아 더 큰 답례를 받았다는 것입니다. 물론 모든 경우에 제가 준 것에 대한 답례를 받을 수는 없겠지만 운이 좋게도 처음 나를 변화시키려고 마음먹고 베풀었던 그 시작에 좋은 이미지가 각인되었고, 이후 30년 만에 주는 것의 즐거움을 깨닫고 마구 퍼 주기 시작했습니다. 마구 퍼 주는 만큼 마구 채워지는 지금의 현실에 감사하며 오늘은 또 누군가에게 무엇을 퍼 줄지 연구해봅니다.

지금이 가장 행복한 때라고?

오랜만에 동네 언니들과 모여 맥주를 한잔했습니다. 우리가 늘 즐겨 먹는 옛날 통닭과 생맥주, 힘든 하루 일과를 마치고 이제는 손님이 아닌 언니가 되어버린 저의 매장 단골 언니들과 가끔 즐기는 치맥, 그 시간만큼 행복한 시간이 또 있을까요? 물론 아이의 잠든 모습을 바라보고, 매장에 손님이 많이 오고, 남편과 집에서 영화를 보며 맥주를 한잔하는 그 시간도 물론 즐겁고 소중한 나의 시간들이지만, 이렇게 언니들과 우리의 아지트 코머스에 앉아 조용히 나오는 텔레비전을 보며 그날 있었던 일, 혹은 이모저모 이슈들을 나누는 그 시간 역시 제게는 너무나 즐거운 하루의 일과였습니다.

언제나처럼 우린 코머스에 모였고, 그날의 이슈는 TV에 나온 60대 여성의 이야기였습니다. 그 여성은 자신의 지난날을 모두 돌아봐도 지금이 가장 행복한 순간이라며 현재의 삶에 대한 너무나 깊은 감사와 애정을 보냈고, 그 영상을 본 언니들은 믿을 수 없다며 어떻게 20대, 30대보다 다 늙어가는 60대가 가장 행복한 순간이 될 수 있냐며 거짓말이라고 열을 올렸습니다. 그도 그럴 것이 한 살이라도 젊은 시절이 더 행복했겠지, 어떻게 나이가 들고 점점 힘이 빠지고 주름이 늘어가고 아픈 곳이 많아지는 60대가 더 행복할까요? 상식적으로 이해가 되지 않는 말이었습니다.

언니들의 말을 들으며 "그러게 어떻게 젊은 날보다 지금이 더 행복하대?"라고 말을 하고 저 역시 저의 삶을 돌아보았습니다. 물론 저 역시 '어린 시절 젊은 시절이 더 행복했겠지, 어떻게 지금이 더 행복하겠어?'라고 생각하며 저의 시간을 거꾸로 거꾸로 돌려보다 혼자서 소스라치게 놀랐습니다. 정말 말도 안 되게 저 역시 제 인생 중 지금이 가장 행복했습니다. 마흔이 되어버린 이 아줌마의 삶이 인생 중 가장 행복하다니 제가 생각해도 어이가 없었지만 인정할 수밖에 없었습니다. 지금이 제 인생에서 가장 행복한 때입니다.

30대의 저는 시어머니의 암 투병과 가난, 거기에 출산까지 이어지며 제 정신으로 살아갈 수 없을 만큼 힘든 시기를 보내야 했습니다. 20대의 저는 나만의 생각에 빠져 사람들과 소통하는 것도 어려웠고, 늘 관계의 부적응으로 힘들어했습니다. 10대의 저 역시 가난한 집안 탓을 하며 어린 나이에 주유소, 커피숍 등에 취직해 돈을 벌었지만 늘 방황하며 힘들어했습니다. 그렇다면 아주 어릴 적의 저는 행복했을까요? 4살밖에 안 된 아이가 이모 집에 얹혀살아야 했으니 그때도 역시 행복하지는 못했겠지요. 그렇다면 아예 아기 때는 어떨까요? 태어난 지 1년도 안 되어 남동생이 태어났고 아이를 키워본 엄마는 모두 공감하겠지만 자연스레 전 엄마의 관심에서 밀리고 모유조차 먹지 못했습니다. 그럼 배 속에 있을 때는? 가난과 시집살이로 매일 울던 엄마의 배 속이니… 뭐 그렇게 편할 리가 없었겠지요.

언니들이 대화를 하며 맥주를 마시는 동안에도 전 혼자 멍 때리기를 하며 과거의 저를 모두 만나고 왔습니다. 그러니 결국 제 인생 중 지금이 가장 행복한 때라는 제 이야기에 함께 있던 언니들 모두 아무 말 하지 못했습니다. 물론 살면서 작은 선물들이 늘 저의 삶에 있었고 힘든 순간 속에서도 웃을 일들이 늘 있었습니다. 그러니 지금의 제가 이렇게 살아서 행복한 40대를 맞이한 거겠지요. 가난에 허덕이다 자살까지 생각한 저였지만 버티고 견디고 움직였습니다. 그렇게 작은 매장에서 큰 매장으로 또 온라인사업으로 일을 확장시키며 누구도 꿈꾸지 못했던 많은 것들을 해냈습니다. 그래서 저는 지금이 가장 행복합니다. 나이가 들며 점점 더 철이 들어가고, 깊이 생각하게 되고 삶의 또 다른 재미들을 알아가게 됩니다. 마흔이 된 지금의 제가 행복하듯이 쉰 살의 저는 더 행복해질 겁니다. 예순이 된 저 역시 텔레비전에 나온 그 60대 여성처럼 지금이 가장 행복한 날이라고 말하고 싶습니다. 다가올 내일은 더 행복할 거라는 기대와 꿈을 꿀 수 있는 제가 있는 한, 제 인생은 언제나 지금이 가장 행복한 때입니다.

BAND

PART 8

예쁜옷쟁이를 만난 제자들의 작지만 큰 성공 이야기

밴드 라이브방송을 하고 그 방송을 통해 강의
도 했습니다. 제가 살아온 이야기를 진솔하게
나누었습니다. 어려웠던 시절 이야기가 지금의
나를 더 빛내주더군요. 그 아픔을 같이 공유했
습니다. 그리고 그들의 성공을 응원했습니다.
저와 비슷한 듯 다른 길을 걸어가는 사람들, 마
지막 장은 그들의 이야기를 독자 여러분들과
공유하고자 합니다. 독자 여러분과 비슷한 자
리에 있는 분들입니다. 그런데 지금은 성공의
신발 끈을 꽉 매고 있습니다. 여러분들도 이들
처럼 부의 라인에 서서 가족들과 행복한 웃음
을 지을 수 있을 겁니다.

[보떼룸 밴드]
여니

저는 그냥 아빠가 하라고 하는 것들을 하며 살았습니다. 그렇게 쭉 살다 옷을 좋아하니 나중에 옷가게를 꼭 차리고 싶다는 마음에 뜨게질, 미싱, 옷 만드는 강습도 받아 가며 조금씩 준비해가고 있을 때, 옷가게 사진 찍는 아르바이트를 하게 되었습니다. 그리고 그 인연으로 지금의 보떼룸을 차리게 되었습니다.

처음에는 나빛나 조윤미 사장님께 보고 배운 대로 열심히 하면 다 잘될 거라 생각하고 열심히 했지만 어느 순간 벽에 부딪치게 되더군요. 나름 밴드도 만들어서 사진 업데이트도 열심히 하며 꾸려왔는데 밴드에선 하나도 팔리지 않고 코로나로 매장 매출도 계속 떨어지기 시작했습니다. 동업을 하는 저희로선 가져가는 이윤이 적어지기에 힘도 떨어지고 걱정이 늘어 갔습니다. 바로 그때 조 대표님께서 저희에게 제안해주신 라빛사⋯ 사장님의 인프라와 아이디어, 끈기를 알기에 믿고 달려온 지금⋯ 라빛사를 시작한 지 보름 만에 저희가 냈던 한 달 수익을 냈습니다. 옷쟁이 밴드에서 라이브방송을 시작하면서 보떼룸 밴드의 인원수도 늘고 지인이 아닌 진정으로 우리 스타일을 좋아하는 분들도 생겨나기 시작했습니다.

예전엔 밴드 라방을 주 1회 했지만 지금은 주 2회 하면서 라방 수익 또한 배로 증가하는 기록을 세우고 있습니다. 또 라빛사를 하면서 수익만 오른 것이 아니라 사장님이 내 주시는 숙제를 하면서 좀 더 전문적인 지식과 마인드를 장착할 수 있게 되었습니다. 예전엔 그냥 옷만 팔았다면 지금은 나만의 전략과 계획을 세워 잡화까지 판매하게 되었습니다.

　3개월 동안 라빛사 회원으로 지내고 있는 지금 매일 조금씩 성장해가고 앞으로도 멈추지 않고 더 나아가기 위해 스마트스토어도 준비 중입니다. 앞으로도 라빛사와 함께 더 큰 미래를 향해 달려가 보렵니다.

[프롬나나 밴드]
예쁜 새댁 나나

안녕하세요 조윤미 대표님 1호 제자 나나입니다. 저는 3살, 4살 연년생 두 자녀를 키우고 있는 주부이자 방구석 라방으로 옷을 판매하고 있는 판매자입니다. 2021년 기준으로 저 혼자만의 사업을 한 지 5년 차가 되었습니다. 막연하게 옷을 좋아하고 혼자만의 사업을 꿈꿨었던 때가 있었는데 어떤 귀한 분을 만나게 되어 쉽게 시작의 발판을 마련하게 되었습니다. 그게 바로 "예쁜옷쟁이 미미 언니"이지요ㅎㅎ

사업이라는 게 두루뭉술하고 시작하기 겁나고 방법도 모른 채 하나부터 밟아나가려면 시행착오를 많이 겪기 마련입니다. 이미 그 길을 겪어왔던 멘토를 만나 처음부터 안내를 받으며 일을 시작하니 스타트를 쉽게 한 것 같습니다. 일을 시작하기 전에 고민은 '내가 어떤 일을 해야 아이를 낳고 일을 계속할 수 있을까, 돈은 어떻게 하면 더 벌 수 있을까?'였습니다. 여자들이라면 고등학교 졸업하고 대학교 졸업하고 열심히 공부해서 취업했는데 아이 낳고 직장을 잃을 확률이 높기 때문에 경력단절 이후 일을 할 수 있을까 많이들 고민하게 됩니다. 저 또한 그랬기 때문에 일을 하면서 투잡으로 무엇이라도 해 보고 싶었습니다. 그런데 그게 옷에 관련된 일이라면 좋겠다 해서 찾게 된 게 바로 "예쁜옷쟁이 구제 창업"이었고 그렇게 시작한 투잡으로 인해 직업이 바뀌게 되었습니다.

그냥 무작정 시작한 것은 아닙니다. 집에 있는 옷들을 중고나라 카페에 한번 올려보았습니다. 그런데 정말 신기하게도 너무 잘 팔렸습니다. 여기서 구제의류의 가능성을 보고 시작했습니다. 처음 시작은 투잡으로 했었던 터라 일하고 밤새 포장하고 사진 찍고 잠을 줄여가며 일했습니다. 조금 하다 보니 회사를 때려치워도 되겠다는 확신이 들었고 소매 판매에 그치지 않고 도매 창고도 차려보고 개인 소매 매장도 운영하게 되었습니다. 하지만 경력단절의 발단… 임신을 하고 출산을 했습니다. 그래도 이 일을 계속할 수 있냐고 물으신다면 답은 "할 수 있습니다!"입니다. 쌍둥이보다 힘들다는 연년생을 키우면서도 이렇게 당당히 하고 있습니다.

제가 가장 고민했던 것이 무엇일까요? '아이를 낳으면 앞으로의 일은?' 이 걱정은 이 일을 하면서는 안 해도 되는 걱정이 되었습니다. 물론 힘들긴 하지만 아이들을 키우면서 제가 원하는 때에 원하는 만큼 옷을 업로드하고 판매하고 적든 많든 수입은 어쨌든 발생합니다. 코로나로 인해 언택

트 시대가 되면서 라이브방송이란 채널이 생겼는데 그로 인해 지금은 아이를 어린이집에 보내놓고 일합니다. 아이들 자는 시간을 활용해서 라이브방송을 해서 직장인 월급 정도, 어쩌면 그 이상을 벌고 있습니다. 제가 일할 수 있는 시간에 일을 하고 아이들은 돌보면서 직장인 수준의 월급이 나온다면 이처럼 메리트가 큰 직업도 없는 것 같습니다.

큰 자본금 없이 바로 수익이 발생하는 사업은 많이 없습니다. 그런데 구제의류는 그것이 가능하고, 또 예쁜옷쟁이 미미 언니와 함께라면 더 수월합니다. 제가 그랬으니까요~~!! 일을 하는 가장 큰 목적이 '돈', '성취감'입니다. 이 2가지가 가장 큰 것 같은데 어린아이를 키우는 엄마로서 정말 얻기 어려운 소득과 성취감을 얻었습니다. 시간을 제 마음대로 활용할 수 있는 이 사업을 예쁜옷쟁이 미미 언니를 통해서 배운 게 정말 큰 행운인 것 같습니다. 이 글을 빌려 미미 언니께 감사드립니다. 취업하기도 힘들고 자기 사업은 더 하기 힘든 때 이 일을 시작할 수 있게 도와주셔서 다시 한번 너무너무 감사하다는 말씀드립니다^^ 저뿐만 아니라 창업이나 추가적인 부수입을 얻고자 하는 분들이 계시다면 "구제의류 창업"을 적극 추천합니다! 물론 미미 언니와 함께요! ㅎㅎ

[해피써니 밴드]
50대 왕언니 써니

안녕하세요. 해피써니옷짱의 써니 언니입니다. 책 내시는 우리의 리더 미미 사장님 진심으로 축하드립니다. 저는 현재 미미 사장님 교육생 중 52세로 최고의 나이입니다. 저는 20살부터 25년 이상 과외, 공부방, 학원 등을 하  면서 아이들과 시간을 보냈습니다. 아이들을 사랑하고 아이들과 함께 있는 게 참 즐거웠지만 항상 저에게 더 맞는 일이 무얼까 고민을 많이 했습니다. 결혼 이후, 안정된 회사를 퇴사한 남편의 계속되는 사업 실패로 새로운 도전을 하지는 못하고 계속 아이들을 가르치는 현장에 있었습니다. 자녀가 셋이 되다 보니 다른 일에 도전하기보다는 자녀들의 필요를 채우기에 급급한 시간들을 보냈습니다. 막내가 고등학생이 되면서 제가 좋아하는 거, 할 수 있는 거, 재미있게 할 수 있는 것에 대한 고민 끝에 빈티지 세계에 입문했습니다.

가족들이나 주변 친구들이 모두 "왜?"라는 질문을 할 때 저는 "괜찮아." 라고 말하며 당당히 일을 했습니다. 저는 무슨 일을 하는지보다는 어떤 마음가짐으로 하는지가 중요하다고 생각했습니다. 그런데 코로나로 매장에 손님이 줄어들면서 블로그, 유튜브, 네이버 카페 등을 찾아보게 되었고, 다른 사장님들의 세일 스타일을 보게 되었습니다. 그리고 그중에 제가 할 수 있는 방법들을 실천해보기도 하면서 위기를 이겨내기 위해 노력했습니다. 그러던 중 미미 사장님의 라이브 영상을 통해 신나고 재미있게 일하는 모습을 보게 되었습니다. 자신감 넘치고 멋진 모습에 보기만 해도 에너지가 넘쳤습니다. 라이브는 젊은 친구들만 가능하다고 생각해 감히 해 보고 싶다는 생각도 못 했습니다. 그러던 중 미미 사장님이 라방 1일 교육생을 모집한다고 해서 기쁜 마음으로 전화 문의를 했습니다. 작고 나이도 많은데 라방을 할 수 있냐고 했을 때 밝고 긍정적이면 된다고 해서 바로 시작하게 되었습니다. 자신감도 자존감도 부족했지만 미미 사장님이 다양한 방법으로 리드해줘서 잘 진행되었습니다.

작은 핸드폰을 두고 소통하고, 옷을 소개하고, 옷에 대한 반응이 없으면 뒤돌아 식은땀이 흐르고, 멘탈이 다운되기를 반복했지만 설명했던 옷이 팔리면 신나고 재미났습니다. 라방을 시작하면서 엄마로서 아내로서만 살던 저에게 써니 언니라는 이름도 생겼습니다. 그리고 무엇보다도 아주 밝은 웃음을 찾게 되었습니다. 하루 이동 거리만 세 시간 되는 거리를 몇 달 동안 새로운 꿈을 향해 달렸습니다. 저의 처음 목표는 '포기하지 않기'였습니다. 나이가 있다 보니 쉽게 피곤해지고 젊은 친구들처럼 지구력을 발  휘하기 쉽지 않아 스스로 포기하지 않을까 하는 생각도 들었습니다.

살살 진행한 저의 4개월 라방 수익은 라방 교육비와 중고 모닝을 구매할 수 있는 비용입니다. 한동안 뚜벅이로 살았는데 중고 모닝으로 삶의 질이 높아졌습니다. 라방을 위해 이쁜 옷을 매입하고 라방을 하고 택배를 보내고 가끔은 벅차기도 하지만 잘 하려 합니다. 주변 분들에게 라방은 저의 노후연금이라고 표현합니다. 나이가 더 들어 육체로 할 수 있는 일이 더 줄 텐데 차곡차곡 저만의 라방을 잘 만들어가 보고 싶습니다. 처음 라방을 시작할 때부터 나이 한참 많은, 자신감은 바닥인 저를 리드해주고 칭찬해주고 다양한 방법을 제시해주고 멘탈을 붙잡아주고 '나는 훌륭하다'는 것을 알려준 미미 사장님에게 또 한 번 감사드립니다.

[청이옷장 밴드]
귀요미 청이

21살에 결혼해서 3명의 자녀와 아등바등 살기를 17년… 제게 남겨진 건 오로지 빚이었습니다. 죽고 싶을 정도로 너무나 힘들고 괴로울 때 제가 전혀 생각해보지도 못한, 감히 시도조차 해 볼 수 없던 구제의류 판매 제의가 들어왔습니다. 그렇게 구제의류 일을 하면서 3년 차가 되어가고 있는 현재… 돌아보니 제 36년 인생은 참 소극적이었던 것 같습니다. 그런데 불과 2년 사이에 제 인생이 확 바뀌었습니다. 성격도 내성적이며 일과 집, 아이들만이 전부였던 삶에서 고작 2년 넘는 시간 만에 수백 명의 사람들과 랜선 또는 오프라인으로 소통하고 만남을 가지며 활달하고 적극적이며 긍정적인 삶을 살게 되었습니다.

지금은 한 분 한 분 진심을 다해 대하며, 제가 힘들었던 과정과 고통을 나누고 같이 웃고 울고 구제 판매업을 통해 모든 것을 나누고 있습니다. 제 가족이나 지인들은 말합니다. 멋부릴 줄도 모르고 옷 사 입을 줄도 모르는 네가 어떻게 옷을 판매하냐고, 대단하다고! 그러면 전 대답합니다. 지금의 저는 아직도 공부하고 있고 공부해야 하며 과정의 길에 있다고 말이죠. 그리고 지금의 저를 있게 해준 미미 사장님 덕이라고 큰 목소리로 말합니다. 조윤미 대표님이 저에게 구제 판매업 권유를 안 해주셨다면 또 판매가 잘되지 않아 힘들 때마다 저에게 손 내밀어 주지 않았더라

면 지금의 저는 절대 없을 겁니다. 지금 현재도 미미 사장님은 저와 함께 하고 있습니다.

모든 것에 감사하는 마음을 가지라는 단 한마디로 오늘도 저는 감사해하며 라이브방송을 통해 시청해주는 언니들과 소통하고 정보 공유를 합니다. 그렇게 배운 대로 감사하게 살아갑니다. 현재는 빚도 착실히 갚고

있으며, 그런 일상에서 일이 끝난 후 마시는 시원한 맥주 한 잔은 정말 최고입니다. 여유가 있다는 것에 감사하며 오늘도 전 행복하게 살아가고 있습니다.

[꽃님쌀롱 밴드]
네 살 아들맘 꽃님

안녕하세요? 저는 미미 대표님의 예쁜옷쟁이 새내기 멤버 꽃님이라고 합니다. 저는 어릴 때부터 옷이 너무 좋아서 '언젠가는 꼭 옷가게를 하고 싶다.'라는 막

연한 생각만을 가지고 있었습니다. 20대 때 홀로 무작정 가게 자리도 알아보고 다니기도 했지만 아무런 정보도 길라잡이가 되어줄 스승님도 없었고 금전적 문제로 '그저 꿈일 뿐이다.' 하고 잊은 채 살아왔습니다. 그러다 결혼을 했고 남편이 하는 일을 도우며 지내오다가 임신과 출산으로 전업 육아맘이 되었습니다.

아기가 어릴 때는 아기 돌보느라 제 시간도 없었습니다. 정신없이 육아

만 했었는데 아기가 어느 정도 크고 어린이집에 들어가게 되니 저도 제 일을 하고 싶고 경제활동을 하고 싶다는 생각이 강하게 들더군요. 코로나 이후 여느 자영업자들이 겪는 경제적 문제가 저희 가정에도 찾아왔습니다. 그때 저는 제가 일을 해야겠다는 생각이 강했던 거 같습니다. 매일 아이를 어린이집에 보내고 구직사이트만 몇 날 며칠 아니, 어린이집 가기 시작한 이후로 늘 뒤졌습니다.

의류 일이 하고 싶었지만 구직사이트에서는 제가 할 수 있는 일은 거의 없었습니다. 아기 등원 시간 하원 시간을 다 챙겨야 했기에 시간적 제한이 너무 커서 일자리를 구하기는 정말 하늘의 별 따기였습니다. 그렇게 아르바이트 자리 하나 찾지 못했습니다. 그러다 알게 된 예쁜옷쟁이!! 처음에는 고객의 입장에서 옷을 좋아하는 사람으로서 좋은 물건 저렴하게 구입하는 재미, 미미 사장님의 유머에 즐거워하며 라방을 보던 저였는데 어느 순간 꼭 옷 일을 해 보고 싶다는 마음이 들더군요. '하고 싶다, 해야겠다' 생각이 들어 알게 된 조윤미 미미 대표님의 라빛사 카페에 들어가 상담 신청 후 미미 대표님과 미팅 그리고 라방까지 정말 일사천리로 모든 일이 진행되었습니다.

미팅 바로 다음 날부터 라방을 해서 결혼 후 처음으로 제가 돈을 벌었던 날을 잊을 수 없습니다. 아기 등원 후 일을 하고 아기 하원을 제시간에 하고 이렇게 아기 케어를 해야 하는 주부가 시간 제약 없이 할 수 있는 일이 있을까요? 아직 새내기인 저는 지금도 사실 구름 위를 걷는 것 같고 아직도 신기하답니다. 처음엔 주 3회로 시작했다가 주 5일 지금은 주 4일 어느 직장이 이렇게 자유롭게 시간을 조절하며 일할 수 있을까요? 특히나 저같이 아기를 돌봐야 하는 주부가 할 수 있는 일이 어디 있나요? 수입 또한 9천 원도 안 되는 시급으로 5시간 3일 아르바이트를 잠시 한 적 있었는데요 3일 치 일당 10만 원 조금 넘는 돈을 받았던 제가 하루에 3일 치 일당 이상을 벌었다면 믿기실까요? 저도 놀라운 이 현실….

미미 대표님이 잘 닦아 놓은 길에 진짜 무임승차한 격으로 너무 쉽게 벌어가는 것 같아 죄송스럽고 또한 감사하기도 합니다. 본인이 고생하며 이룬 것을 주위에 많이 나누어 주시는 대표님을 보면서 늘 많이 깨닫고 배우게 됩니다. 조윤미 대표님을 만난 후 저는 경제활동의 즐거움, 자

아실현은 물론 긍정적인 마인드와 생각까지 정말 저 자신도 저의 이런 안 팎의 변화에 하루하루 놀라운 날을 경험하고 있답니다. 저처럼 어린 아기 키우는 육아맘들도 일할 수 있고 돈 벌 수 있다는 말을 꼭 많은 분들께 전하고 싶습니다.

대표님 만나서 인생 2막을 시작한 꽃님이 올림.

[라온홀릭 밴드]
엉뚱 매력 라온

저는 미미 대표님을 만나기 전엔 그냥 안정적인 삶, 아무런 보람도 재미도 없는 단순한 사무직 일을 했었습니다. 그런데 제 인생 좌우명이 "인생을 즐겨라"인데 전혀 인생을 즐기지 못하고 있었습니다. 문득 제가 즐기면서 할 수 있는 일이 무엇일까 생각을 하다가 옷을 좋아하니 옷을 팔고 싶다는 생각에 이리저리 알아보다가 미미 대표님의 라빛사를 알게 되었습니다.

라이브방송이 저에겐 참 생소하고 난감한 문제였습니다. 동영상도 안 찍고 SNS도 안 하던 사람이었거든요. 말만 들었을 땐 두려움이 제일 컸습니다. '내가 과연 할 수 있을까. 옷은 좋아하는데… 방송을 할 수 있을까.'

라이브방송은 방송만 할 수 있다면 집에서도 옷을 팔 수 있고… 시간 제약 없이 자유롭게 팔 수 있는 등 많은 메리트가 있었습니다. 저는 특히 나이가 78세인 홀로되신 엄마를 케어해야 해서 집에서 방송할 수밖에 없었습니다. 그래서 조윤미 대표님과 상담 후에 용기를 내어 시작했습니다.

지금 이 일을 시작한 지 10일 차, 네이버밴드 방송과 그립 방송까지 하고 있습니다. 동영상도 풍경 동영상만 찍어 보던 제가 라이브방송을 하고 SNS는 관심이 없어서 만들지도 않았는데 네이버밴드도 만들고, 인스타그램 계정도 만들었습니다. 미미 대표님을 만나고 나서부턴 재미없고 식상한 저의 삶이 완전히 바뀌었습니다. 새로운 것을 알아가는 재미와 또 좋아하는 일을 하면서 돈도 벌 수 있어서 보람도 느끼고 있습니다.

아직 시작한 지 얼마 안 되어서 사업에 대한 부족함이 많고 할 일도 많고 갈 길이 멀지만, 그래도 미미 대표님과 함께한다면 더욱더 성장할 것 같습니다^^ 처음에 이 일을 시작할 수 있게 자신감과 용기를 주신 미미 대표님께 다시 한번 진심으로 감사드립니다.

밴드로 나만의 가두리어장을 만들어
기분 좋게 돈 버세요

요즘은 예전에 비해 어디서건 장사를 하는 것이 참 쉬워졌습니다. "미친 거 아니야?" "코로나로 잘나가던 매장도 망해나가는 판국에 어디서나 돈을 잘 번다니 무슨 미친 소리야?"라고 하시는 분도 분명 있습니다. 그러나 제가 말하는 장사는 길거리 노점이나 번화가의 로드숍이나 고급스러운 백화점 등 사람과 사람이 마주하는 그런 공간이 아닙니다. 요즘 가장 핫한 이슈는 비대면! 언택트! 뜻을 모르는 사람은 있어도 이 단어를 모르는 사람은 없을 정도로 코로나 이후 가장 핫하게 떠오르는 단어가 되었습니다. 강한 전염력을 가진 코로나19에 대한 공포감에 사람들은 점차 밖으로 나가기를 꺼리게 되었고 자연스럽게 집에서 놀고 먹고 무언가 보고 할 수 있는 사업들이 뜨기 시작했습니다.

외식이 사라지며 배달업체가 뜨기 시작했고, 배달대행 업체도 함께 호황을 누리고 있습니다. 그와 더불어 집에서 즐길 수 있는 각종 콘텐츠, 게

임 시장에 온라인 쇼핑 산업까지 집에서 할 수 있는 모든 것들이 뜨고 있습니다. 이 가운데 가장 크게 성장한 시장은 아마도 라이브 시장이 아닐까요? 서로 얼굴을 보며 회의를 하거나 교육을 할 수 없으니 모든 회의나 교육이 비대면으로 바뀌었고, 쇼핑마저도 온라인을 넘어 대부분의 대형 쇼핑 플랫폼들이 라이브방송을 하게 되었고 라이브방송 쇼핑 앱의 다운로드 수는 100만을 넘어섰습니다.

물론 인스타그램, 유튜브 등 SNS 사용량도 폭발적으로 증가하며 그런 도구를 활용해 돈을 버는 사람들의 수도 기하급수적으로 늘어나기 시작했습니다. 유튜브 라이브방송으로 돈을 벌고, 인스타그램 마켓, 블로그 마켓 등 모든 플랫폼에서 마음만 먹으면 고객을 얼마든지 만들 수 있게 되었습니다. 단지 조금 아쉬운 것이 있다면 이렇게 형성된 고객들은 언제 다시 저에게 찾아올지 알 수 없고, 같은 사람이 다시 온다는 보장도 없습니다. SNS 마켓을 통한 판매는 사실 넓은 바다에서 낚시를 하는 것과 다를 게 없습니다. 늘 풍부한 자원이 넘쳐나지만 바닷가의 물고기들은 자유롭습니다. 어디로 갈지 언제 올지 알 수 없으며 그들을 낚기 위해서는 경쟁자인 수많은 낚시꾼들과 조금은 다른 떡밥을 사용해야 합니다. 어느 포인트에 고기가 많은지도 확인해야 하고 물고기 떼를 찾으러 바다를 둥둥 떠다녀야 한다는 고충도 있습니다.

그러던 어느 날, 어느 머리 좋은 어부 한 명이 바다 끝 한 모퉁이에 그물을 치고 어장을 만듭니다. 그리고 그날부터 자신이 잡은 모든 물고기를 그 어장에 담습니다. '다른 어부들은 낚싯대만 넣으면 이렇게 고기가 잘 잡히는데 대체 저 사람은 뭘 하는 거야?'라며 그 어부를 바보 취급했지만 어부는 꾸준하게 그곳에 물고기를 채웠습니다. 시간이 지난 후 과연 어떤 일이 일어났을까요? 어느 날 바다에 폭풍이 불어닥쳤습니다. 누구도 바다에 갈 수 없었습니다. 그러나 그 어부만은 달랐습니다. 꾸역꾸역 물고기를 채워두었던 어장에는 물고기의 새끼가 새끼를 낳고 또 그 새끼의 새끼가 새끼를 낳아 낚싯대가 아닌 손만 넣어도 잡히는 지경이 된 것입니다. 폭풍은 오래 지속되었고, 폭풍이 지난 다음에도 물고기들은 좀처럼 모습을 드러내지 않았습니다. 낚시꾼들은 더 이상 물고기를 낚지 못했고, 언제 끝날지 모르는 기다림이 싫어 모두 그 바다를 떠났습니다. 유일하게 그 바다에 남아 풍요로운 삶을 누린 그 낚시꾼만 빼고.

이 이야기는 가두리어장에 대한 이야기를 하기 위해 제가 지어낸 이야기입니다. 그만큼 자기만의 어장은 중요합니다. 유튜브, 인스타그램, 페이스북, 헬로마켓, 당근마켓, 중고나라 어느 바다 어느 사이트에 가서 고기를 낚더라도 그 물고기를 담아둘 어장이 없다면 미래의 수익화는 기대할 수 없습니다. 언제 어디로 사라질지 모르는 고객을 담아둘 나만의 가두리어장은 선택이 아닌 필수입니다! 지금 막 인터넷 사업을 시작했다면 그리고 아직 홈페이지나 앱, 개인 카페, 개인 밴드 등이 없다면 지금 즉시 만들어야 합니다. 돈이 많은 분들이야 외주를 맡겨서 결제 기능이 있는 홈페이지까지 뚝딱뚝딱 만들어내면 되지만 사실 저처럼 100원이라도 더 벌어보겠다고 장사에 뛰어든 사람에게는 홈페이지는 어림 반 푼어치도 없는 소리입니다.

인터넷 판매를 시작하고 검색을 하고 날이 새도록 인터넷을 휘젓고 다니던 그때 알게 된 밴드, 저는 그곳에서 신세계를 보았습니다. 옥션도 헬마도 이렇게 빠르게 반응이 온 적이 없는데, 그곳은 의류 사진을 올리고 얼마 지나지 않아 바로 구매 연락이 오고 입금이 되었습니다. 이럴 수가! 더 놀라운 것은 그 안에 만 명 이상의 사람들이 모여 있었는데 모두가 소통을 하고 있었다는 사실입니다. 마치 동네 언니처럼, 동생처럼 서로의 이모저모를 알고 있는 끈끈한 커뮤니티 집단이었습니다. 그런데 그곳이 매출이 나는 공간이라니, 제게는 정말 신선한 충격이었습니다.

그곳 밴드 활동을 얼마나 했을까요? 문득 저만의 밴드를 만들어야겠다는 생각이 들었습니다. 아무리 커뮤니티가 잘 형성이 되어 있고 판매가 잘 이루어지더라도 운영자의 눈에 난다거나 의도치 않은 어떤 일이 생겼을 때 그 밴드에서 강퇴를 당해버리면 그동안 제가 쌓아온 모든 것이 한순간에 사라지게 될 일이었습니다. 그때 저의 판단은 지금 생각해도 인생 최고의 선택이 아니었나 싶습니다. 몇 년이 지난 지금도 그곳에서 판매를 하고 계신 분들도 있고 여러 밴드를 돌며 월세를 내고 판매를 하시는 분도 계십니다. 그렇다면 저는? 문득 들었던 생각을 실천으로 옮긴 보상으로 지금은 누구나가 입점하고 싶어 하는 14,000명 밴드의 주인장이 되었습니다.

알래스카에서 일어난 나비의 날갯짓이 태풍이 된다고 했던가요? 저의 공간, 저의 가두리어장을 만드는 일도 그런 것 같습니다. 이삭을 줍는 마음으로 한 분 한 분 담다 보면 어느새 한 분이 열 분이 되고, 열 분이 백 분이 되고, 백 분이 천 분이 되고, 만 분이 되는 그런 기적이 일어납니다. 처음 오시던 한 분이 옷이 좋다며 친구를 데려오고 그 친구가 또 아는 언니를 데려오고 아는 언니는 자신의 스무 살 딸을 데려오고 꼬리에 꼬리를 물고 어장이 채워집니다. 인스타그램에 유튜브에 블로그에 글을 쓰고 나의 가두리어장 주소를 찍으면 또 그걸 보고 한 분 두 분 와주시고, 인터넷에서 검색을 하다 혹은 실수로 뭔가를 눌러서 오기도 합니다. 어쨌든 저라는 사람과 제 제품을 알 수 있고 언제든 살 수 있는 공간이 있다는 건 저에게나 고객님들께나 너무나 좋은 일입니다.

시작이 반이라는 그 말, 그 말은 그저 속담이나 격언이 아닌 진짜 현실적인 이야기입니다. 일단 시작하십시오. 그러면 움직여집니다. 작은 눈 뭉치가 탄력이 붙어 점점 커지고 커지면 커질수록 가속도가 붙어 점점 빨라지는 것처럼, 나의 인생도 늘 시작의 반복입니다. 시작하십시오! 오늘 밴드를 만들고, 지인들을 먼저 초대하십시오. 자신이 활동하는 모든 채널의 사람들을 밴드에 넣습니다. 온라인마켓을 한다면 거래가 있는 고객들을 모두 넣습니다. 그리고 선포하십시오! "나 창업했어!" 그리고 그날부터 그곳에 자신이 팔 물건을 올립니다. 모든 사람들이 처음부터 여러분을 지지해주지는 않습니다. 심지어 내 편이라고 우기는 남의 편 남편마저도 여러분을 위아래로 쳐다보며 미쳤냐고 윽박지를지도 모릅니다. 월급쟁이로 소심하게 살다가 창업하려는 어깨 위축된 남자들 역시 아내에게 좋은 소리 못 들을 수 있습니다. 여러분을 배 아파 낳은 어머니조차도 그냥 집에나 있으라고 할지도 모릅니다. 동네 언니, 형들이라고 가만히 있을까요? "나를 왜 초대했냐" "나 이런 거 싫어하는 거 알지 않았냐"부터 온갖 면박을 다 줄지 모릅니다. 그러나 저는 이렇게 다짐합니다. 모든 부정을 부정합니다. 나니까 할 수 있고 나니까 되는 겁니다. 그리고 다시 사진을 올립니다. 웃으며 라이브방송도 합니다. 그렇게 꾸준하게 자신에 대한 모든 부정을 부정하며 자신만의 가두리어장을 가꾸어 나가다 보면 어느새 여러분을 인정해 주는 사람들이 생기고 여러분을 좋아해주는 사람들이 생깁니다. 통장에 돈도 기분 좋게 입금될 겁니다. 그러니 지금 우리가 해야 할 일은! 여러분만의 가두리어장! 여러분만의 밴드를 만드는 일입니다.

　렛츠 두 잇!!! 고고고!!!